요한의 제자도

요한의 제자도

지은이 | 이해영
초판 발행 | 2026. 4. 22
등록번호 | 제1988-000080호
등록된 곳 | 서울특별시 용산구 서빙고로65길 38 두란노빌딩
발행처 | 사단법인 두란노서원
영업부 | 02)2078-3333   FAX | 080-749-3705
출판부 | 02)2078-3331

책값은 뒤표지에 있습니다.
ISBN 978-89-531-5305-9   03230

독자의 의견을 기다립니다.
tpress@duranno.com   www.duranno.com

두란노서원은 바울 사도가 3차 전도여행 때 에베소에서 성령 받은 제자들을 따로 세워 하나님의 말씀으로 양육하
던 장소입니다. 사도행전 19장 8-20절의 정신에 따라 첫째 목회자를 돕는 사역과 평신도를 훈련시키는 사역, 둘째
세계선교(TIM)와 문서선교(단행본·잡지) 사역, 셋째 예수문화 및 경배와 찬양 사역, 그리고 가정·상담 사역 등을
감당하고 있습니다. 1980년 12월 22일에 창립된 두란노서원은 주님 오실 때까지 이 사역들을 계속할 것입니다.

Discipleship

요한의 제자도

요한복음으로
배우는
GRACE
제자 훈련

이해영

두란노

PART 2

제자는 성숙한 믿음으로 자라간다

PART 3

제자는 사명으로 완성된다

Discipleship

그간 제자도 연구가 마태복음에 편중되어 온 측면이 있지만, 복음서 전체가 제자도에 관한 말씀임이 이 책을 통해 확실하게 증명되었습니다. 요한복음을 'GRACE'라는 다섯 단계(복음, 갱신, 전진, 헌신, 정착)의 키워드로 정리하여 풀어낸 것은 매우 탁월한 관점과 분석 능력이라 사료됩니다. 예수님과 친밀한 교제를 나누었던 요한만이 표현할 수 있는 영적인 친밀함의 언어들을 통해 예수님을 만난 한 인생이 어떻게 복음을 통해 제자로 성숙해 가는지를 체계적으로 보여 주기 때문입니다. 또한 제자도의 목표를 살아 계신 그리스도와의 연합으로 표현하며(요 15:4), 자연의 유비와 시간을 초월하는 신학적 언어를 통해 제자도의 진리를 설명하는 요한복음의 중심을 꿰뚫어 보게 합니다.

기계적인 커리큘럼에 기초한 제자 훈련을 뛰어넘는 길은 오직 성령 안에서의 인격적인 교제인데, 이 책은 요한복음을 통해 그러한 생명의 제자도를 잘 설명하고 있습니다. 이 책이 한국 교회의 많은 성도들에게 읽힐 때 주님을 따르는 제자들이 더욱더 많아질 것으로 확신합니다.

이재훈(온누리교회 위임목사)

인적이 드문 깊은 숲속에서 누군가를 위해 나뭇가지에 묶어 방향을 표시해 둔 작은 리본 하나가 얼마나 반가운지 모릅니다. 이 책은 복잡하고 혼란스러운 세상에서 자칫 방향을 잃기 쉬운 우리에게 제자도의 여정을 안내하는 '작은 리본'과 같습니다. 말씀에 대한 진지한 연구를 바탕으로 한 깊이 있는 설교를 듣기 어려운 시대에, 이 책은 철저한 본문 중심의 주해로 빛을 발합니다. 헬라어 원문의 의미와 신학적 배경을 성실하게 풀어내어, 말씀 본연의 뜻을 밝혀내는 성실함이 돋보입니다. 그러면서도 누구나 쉽게 이해할 수 있는 보통의 언어로 자칫 추상적일 수 있는 제자도의 개념을 우리 삶의 구체적인 현실로 끌어올립니다.

곁에서 지켜본 저자는 참으로 따뜻한 인격을 소유한 자상한 목회자입니다. 동시에 복음의 본질과 깊이 있는 기도를 겸비한 샘물 같은 영성의 소유자입니다. 저자의 영성과 주님을 따르는 제자도의 걸음이 이 책에 배어 있습니다. 주님과 동행하는 여정에서 잠시 방향을 잃었다고 느껴지거나, 더 깊은 제자의 길로 나아가길 갈망하는 모든 분에게 이 책을 기쁜 마음으로 추천합니다.

이인호(더사랑의교회 담임목사)

이해영 목사님이 3년 전 야고보서의 믿음의 삶을 다룬 《전신희행》을 출판하고, 이어서 이 책을 출판하게 되어 기쁩니다. 저자는 장로회신학대학교 석·박사 과정에서 신약학을 전공하였고, 특히 저의 지도를 받아 석·박사 학위 논문을 모두 요한복음을 주제로 다루었습니다. 저자는 요한신학의 전공자입니다.

이 책은 '복음'이신 예수 그리스도를 만난 그리스도인이 무엇을 믿고 그 믿음으로 주님을 어떻게 따르며 살아야 하는지를 선명하게 보여 줍니다. 무엇보다도, 저자는 요한복음의 제자도를 '복음, 갱신, 전진, 헌신, 정착'이라는 다섯 단계로 구분하여, 그리스도인이 요한복음의 말씀을 묵상하고 그 묵상한 바를 보혜사 성령의 도움을 받아 삶으로 옮기는 데 도움을 주고자 합니다. 이 책은 요한복음의 단락마다 신학적 안목으로 쉽게 해설할 뿐 아니라, 그리스도인이 말씀을 깊이 묵상하여 삶에 옮길 수 있게 하는 길잡이 역할을 합니다. 또 이 책은 요한복음이 전하는 그리스도인의 삶이란 육신으로 세상에 오신 말씀을 보혜사 성령의 도움을 받아 깨닫고, 그리스도의 말씀을 묵상하고 지키고, 말씀이 열매 맺는 삶이 되도록 그리스도 안에 거하는 삶 외에 다른 것이 아님을 알게 합니다.

저자가 한국교회에 내놓은 이 책은 요한복음의 제자도를 쉽게 알려 주고 묵상하게 하며 삶에 적용하게 하는 안내서입니다. 이 책을 통해 한국교회의 모든 성도들이 새로워지며 더욱 성숙해지고, 한국교회의 대사회 신인도가 다시 회복되기를 바랍니다.

장흥길(장로회신학대학교 명예교수, 한국교회지도자센터 부대표)

한국교회에는 제자도를 주제로 한 책과 교재가 적지 않습니다. 그러나 저는 이 책을 처음 대하는 순간부터 그것들과는 결이 다름을 직감했습니다. 단지 '어떻게 살 것인가'를 다루는 것이 아니라, '누구로 존재할 것인가'를 먼저 묻기 때문입니다. 이 책이 제자도를 '행동의 윤리'가 아닌 '존재의 연합'으로 풀어내는 방식에서, 그리고 무엇보다 이 책의 저자가 지닌 독특하고도 탁월한 자격에서, 저는 이 책을 한국교회의 성도들과 목회자들에게 기꺼이 추천하고자 합니다. 그 이유를 좀 더 세세하게 언급하면 다음과 같습니다.

이 책의 저자는 신약성서 분야에서 박사학위를 취득한 학자이면서 동시에 교회를 활발하게 이끌어 가고 있는 현장 목회자입니다. 이 두 정체성의 결합이야말로 이 책이 가진 가장 특별한 강점입니다. 단순히 성서 연구자라면 본문을 깊이 있게 파고들지만 현장의 언어를 잃기 쉽고, 현장 목회자라면 생동감은 있으나 학문적 깊이가 얕아지기 쉽습니다. 그러나 이 책의 저자는 두 세계를 탁월하게 통합합니다. 학문적 엄밀함은 책 전반에 걸쳐 두드러집니다. 요한복음의 핵심 언어들, 즉 말씀(λόγος), 빛(φῶς), 생명(ζωή), 거하심(μένω), 증언(μαρτυρία)이 헬라어 원문의 문법적 특성과 함께 정밀하게 해설되고 있습니다. 예를 들어, 요한복음 1장 1절의 '계시니라'(ἦν)가 미완료 과거형으로서 말씀의 영속적 존재성을 나타낸다는 점, '함께'(πρός)가 단순한 동행이 아니라 '~을 향하여'라는 방향성을 품은 관계적 친밀감의 표현임을 밝히는 대목들은 신약 원어에 대한 깊은 이해 없이는 나올 수 없는 통찰입니다. 또한 요한복음 서문의 키아즘 구조(Chiastic Structure)를 분석하여 '하나님의 자녀가 되는 것'(요 1:12)이 전체 서문의 중심축임을 드러내는 문학적 해석도 저자의 학문적 훈련이 빚어낸 결실입니다.

그러나 이 책이 학술 논문이나 주석서에 머물지 않는 이유는, 저자가 동시에 현장 목회자이기 때문입니다. 책의 모든 신학적 분석은 오늘의 신자들이 실제로 마주하는 삶의 자리에서 울려 퍼지는 질문들로 이어집니다. '지금 나의 삶에서 어둠처럼 느껴지는 영역은 어디인가?', '나는 예수님을 결과 때문에 믿는가, 말씀 때문에 믿는가?', '내 사역과 관계 속에서 내가 감추어야 할 자리와 예수님을 드러내야 할 자리는 어디인가?'. 이런 질문들은 교회 현장의 숨결이 담긴 것입니다. 저자는 강단에서 많은 성도들의 삶을 마주해 온 목회자로서, 사람들이 어떤 지점에서 넘어지고, 어디서 다시 일어나야 하는지를 너무도 잘 알고 있습니다. 그 현장의 감각이 이 책 곳곳에 스며들어, 독자들은 책을 읽으면서 자신의 이야기를 발견하게 됩니다.

이 책에서 저자는 '존재의 제자도'라는 핵심 명제를 설파합니다. 제자도는 '하는 것'이 아니라 '있는 것'에서 시작된다는 사실입니다. 이 명제는 학문적으로는 요한복음의 독특한 신학, 즉 '보는 것', '듣는 것', '믿는 것', '머무는 것'이라는 인식론적 동사들을 통해 제자도를 설명하는 방식에 철저히 근거하고 있습니다. 그러나 목회자의 눈으로 보면 이것은 곧바로 오늘의 교회에 대한 예리한 진단입니다. 과제와 헌신과 프로그램으로 가득 찬 교회 문화 속에서 정작 '그리스도 안에 거하는 것'의 의미를 잃어버린 신자들에게, 이 메시지는 복음의 본질로 돌아오라는 부드럽고도 강력한 초청입니다. 이 책의 핵심 메시지는 분명합니다. 제자도는 '하는 것'이 아니라 '있는 것'에서 시작된다는 사실입니다.

저자는 세례 요한의 "나는 아니다"라는 반복적 고백에서 진정한 제자도의 첫걸음을 발견합니다. 자신이 그리스도가 아니요, 엘리야도 아니요, 선지자도 아니라는 세 번의 부정은 단순한 겸손의 표현이 아니라, 예수님을 드러내기 위해 자기를 내려놓는 제자도의 본질적 선언으로 해석됩니다. '나는 외치는 자의 소리'라는 고백 역시, 저자는 자신을 지우면서도 진리를 외치는 삶의 원형으로 조명합니다. 이 통찰은 자기실현과 자기 브랜딩의 시대를 살아가는 현대 그리스도인들에게 예리하고도 해방적인 도전을 줍니다.

저자가 체계화한 'GRACE', 즉 Gospel(복음), Renewal(갱신), Advance(전진), Commitment(헌신), Establishment(정착)라는 다섯 단계의 제자도 구조는, 요한복음의 신학적 흐름에 충실히 근거하면서도 교회 현장에서 실제로 사용될 수 있도록 정교하게 설계되었습니다. 이 구조는 요한복음의 큰 흐름, 즉 예수님을 만남, 그분을 따름, 내적으로 갱신됨, 더 깊이 헌신함, 마침내 공동체 안에 뿌리내림을 따라 한 사람의 신앙 여정이 어떻게 성숙해 가는지를 체계적으로 안내합니다. 이는 단지 이론적 모델이 아니라, 목회 현장에서 수많은 이들을 제자의 길로 안내해 온 저자의 실제 경험이 녹아든 구조임을 책의 구석구석에서 느낄 수 있습니다. 이 책은 '복음'(Gospel), 즉 요한복음 1장에서 4장까지 예수님을 처음 만나는 다양한 인물들의 여정을 통해 제자도가 어떻게 시작되는지를 보여 줍니다. 총 3부 21장으로 구성된 이 책은, 각 장마다 본문 해설, 제자도 묵상 포인트, 더 깊이 생각하기로 이어지는 실용적 구성을 갖추고 있어, 개인 큐티와 소그룹 성경 공부 그리고 제자 훈련 교재로도 즉시 활용할 수 있습니다. 이처럼 학문적 연구와 목회적 적용이 균형 있게 배치된 구성은, 신약학 박사이자 현장 목회자가 아니면 만들어 낼 수 없는 충실한 결실입니다.

이 책이 오늘의 한국 교회에 특별히 필요한 이유는, 그것이 다루는 주제가 단지 신학적 흥미의 영역이 아니라 오늘의 교회가 가장 절실히 회복해야 할 핵심 가치이기 때문입니다. 저자는 요한복음의 성령론을 통해, 제자도가 자기 수련이나 종교적 노력이 아니라 성령과 함께 걸어가는 길임을 강조합니다. 보혜사 성령이 진리를 깨닫게 하시고, 모든 것을 생각나게 하시며, 두려움 속에서도 담대하게 증언하게 하신다는 메시지는, 지쳐 가는 현장의 신자들에게 새로운 영적 호흡을 불어넣습니다. 또한 저자는 요한복음의 '관계 중심적 제자도'를 세례 요한, 나다나엘, 니고데모, 사마리아 여인, 왕의 신하 등 다양한 인물들과의 구체적인 만남을 통해 생생하게 드러냅니다. 예수님은 각 사람의 내면을 깊이 아시고 그에게 합당한 방식으로 다가가십니다. 이 사실은 제자도가 획일적인 교육 과정이 아니라, 각 사람의 고유한 여정 속에서 이루어지는 인격적인 성화의 길임을 보여 줍니다. 목회 현장에서 수많은 사람들의 각기 다른 신앙 여정을 목격해 온 저자의 경험이 이 부분의 해설을 더욱

입체적이고 설득력 있게 만들고 있습니다.

이 책을 신앙의 깊이를 더하기 원하는 모든 성도들에게, 건강한 제자 훈련 교재를 찾는 목회자들에게, 요한복음의 신학적 풍성함을 삶의 언어로 탐구하고자 하는 신학생과 사역자들에게 기꺼이 추천합니다. 이 책을 통해 많은 이들이 '말씀 안에 거하는 삶', '성령 안에서 증언하는 삶', '은혜 위에 은혜로 살아가는 삶'을 새롭게 시작하게 되기를 바랍니다.

유해룡(장로회신학대학교 영성신학 명예교수)

이 책은 요한복음이 지닌 신학적 깊이와 영적 감수성을 오늘의 교회와 성도들에게 온전히 전달하는 귀한 결실입니다. 저는 저자가 장로회신학대학교에서 신약학 석·박사 과정을 밟는 동안 보여 준 학문적 성실함과 신앙적 진실함을 가까이에서 지켜보았으며, 박사학위 논문의 부심 지도교수로 참여하면서 그가 연구와 삶이 일치하는 오늘날 보기 드문 신학자임을 확인하였습니다. 그는 학문의 깊이를 잃지 않으면서도 교회를 향한 따뜻한 마음을 품고 있었고, 그의 신앙은 경건함 속에서도 늘 겸손과 순종을 보여 주었습니다.

이 책은 제자 훈련에 관심 있는 성도들에게 실제적 도움을 드리기 위한 신학적, 목회적 열정의 산물입니다. 저자는 요한복음이 제시하는 제자도의 구조, 곧 빛으로 부르심을 받고 믿음으로 자라며 사명으로 나아가는 여정을 성도의 일상 속에 자연스럽게 연결해 줍니다. 그는 프롤로그에서 "요한복음은 예수 그리스도의 존재와 사역에 대한 신학적 통찰과 성령의 조명을 받은 깊은 묵상"이라고 밝히며, 제자도가 단순한 행동 윤리가 아니라 존재적 변화와 관계적 연합의 길임을 분명히 제시합니다. 또한 "제자도는 인간의 결단이 아

니라 빛 가운데 오신 예수님을 보는 것에서 시작되는 영적 사건"이라는 그의
고백은 이 책의 핵심 메시지를 선명하게 드러냅니다.

　이해영 목사님은 글로만 제자도를 말하는 분이 아니라, 성민교회 성도들
과 함께 제자도의 길을 실제 삶 속에서 실천하고 있습니다. 그의 삶은 자신을
드러내기보다 사람들에게 그리스도를 보게 하는 제자의 본이 되고 있으며,
그의 글을 통해 우리는 그리스도의 빛을 더욱 깊이 바라보게 됩니다. 이 책을
깊은 신뢰와 기쁨으로 추천합니다.

김문경(장로회신학대학교 신약학 교수)

요한이 전하는 독특한 제자도

요한복음은 복음서들 가운데서도 가장 독특한 빛을 발하는 책이다. 그 안에는 단순한 전기적 기록이 아니라, 예수 그리스도의 존재와 사역에 대한 신학적 통찰과 성령의 조명을 받은 깊은 묵상이 담겨 있다. 공관복음서가 예수님의 말씀과 행동을 시간의 흐름에 따라 기술한 반면, 요한복음은 "믿고 … 생명을 얻게 하려 함"(요 20:31)이라는 분명한 목적 아래, 신학적 구조로 배치된 복음의 증언이다.

요한복음은 제자도의 여정을 복음의 시작에서 부활의 정착에 이르기까지 유기적이고 역동적으로 보여 준다. 'GRACE' 다섯 단계, 즉 복음(Gospel), 갱신(Renewal), 전진(Advance), 헌신(Commitment), 정착(Establishment)은 요한복음의 흐름과 신학을 따라가며, 예수님을 만난 한 인생이 어떻게 복음을 통해 변화되고 주님의 제자로서 성숙해 가는지를 체계적으로 보여 준다.

요한복음이 제자도 신학에서 독특한 이유는 다음과 같다.

첫째, 요한복음은 '보는 것', '듣는 것', '믿는 것', '머무는 것'과 같은 인식적 동사들을 통해 제자도를 단순한 행동 윤리가 아닌 존재적 참여와 관계적 연합으로 설명한다. "내 안에 거하라"(요 15:4)는 초청은 제자도를 일상의 삶 전체로 확장시키며, 예수 그리스도와의 연합을 통해서만 가능하다는 신비한 성육신의 길로 인도한다.

둘째, 요한복음은 '시간을 초월한' 신학을 제공한다. 요한복음 속의 예수님은 단지 과거에 존재했던 인물이 아닌, 태초부터 함께하신 말씀이며(요 1:1), 지금도 우리 가운데 말씀하시고 임재하시는 살아 계신 하나님이시다. 이런 시공을 넘는 계시 안에서 제자도는 과거의 헌신에 그치는 것이 아니라, 현재와 미래를 포함해 '지속적으로 응답'하는 삶이다.

셋째, 요한복음은 성령의 역할을 강조하며, 제자도를 성령과의 내면적 교제로 확장시킨다. 보혜사 성령은 제자들에게 "진리를 온전히 깨닫게"(요 16:13, 공동번역) 하시고, "모든 것을 생각나게"(요 14:26) 하시며, 두려움 속에서도 담대하게 복음을 증언하게 하신다. 이는 제자도가 자기 수련이나 고행이 아닌, 성령과 함께 걸어가는 길임을 의미한다.

넷째, 요한복음은 예수님의 '관계 중심적 제자도'를 보여 준다. 나다나엘, 니고데모, 사마리아 여인, 마르다와 마리아, 베드로와 요한 등 다양한 인물들과의 대화 속에서, 예수님은 각 사람의 내면을 깊이 아시고 그에게 합당한 방식으로 진리를 드러내신다. 이는 제자도가 획일적 경로가 아니라 인격적인 만남과 고유한 여정임을 시사한다.

이 책은 요한복음에 나타난 제자도의 흐름을 따라 성도들이 예수님을 인격적으로 만나고, 성령 안에서 변화되며, 복음의 증인으로 살

요한의 제자도

아가도록 돕기 위해 기획되었다. 'GRACE 제자도'는 하나님의 은혜가 한 사람의 인생을 어떻게 변화시키는지를 조명하는 복음의 여정이다. 이 책을 통해 독자들은 요한복음 속 예수님의 부르심 앞에 다시 서게 될 것이다. 독자들이 그 부르심에 응답하며, 성령의 인도하심 속에서 말씀에 뿌리내리고 열매 맺는 삶, 곧 제자로 살아가는 기쁨을 발견하게 되기를 소망한다.

2026년 4월
이해영 목사

Discipleship

PART 1

제자는 부르심에 응답한다

Gospel   Renewal   Advance   Commitment   Establishment

요한복음의 서두는 "태초에 말씀이 계시니라"(요 1:1)라는 한 구절로, 시간의 시작이 아니라 존재의 기원을 선언한다. 예수님은 말씀으로, 빛으로, 그리고 은혜와 진리로 우리 가운데 오셨다. 그분의 오심은 세상 속에 한 인물이 등장했다는 단순한 사건이 아니라, 인간의 존재가 새롭게 정의되는 시작점이었다.

1부는 창조적 빛의 부르심을 따라 예수님과의 일곱 만남을 통해 제자도의 원형을 제시한다. '말씀으로 비추시는 예수님'으로부터 시작해 '하늘을 여시는 예수님'에 이르기까지, 각 만남은 제자가 어떻게 탄생하는가를 보여 준다. 제자도는 어떤 목표를 이루기 위한 인간의 결단이 아니라, 빛 가운데 오신 예수님을 '보는 것'에서 시작되는 영적 사건이다.

첫 장에서 세례 요한은 "나는 아니다"라고 고백하고, 안드레와 빌립은 "우리가 메시아를 만났다"고 증언하며, 나다나엘은 "당신은 하나님의 아들이시요, 이스라엘의 왕이십니다"라고 고백한다. 이 모든 고백은 자기중심에서 벗어나 예수님 중심으로 옮겨지는 순간들이다. 제자는 바로 그 이동의 한가운데에서 태어난다.

빛은 언제나 '보게 함'으로 우리를 새롭게 만든다. 말씀의 빛을 볼 때 우리는 자신을 다르게 인식하고, 그 빛 안에서만 진정으로 자신을 이해하게 된다. 그러므로 제자도의 첫걸음은 자신의 어둠을 인정하고, 그 빛의 부르심에 자신을 드러내는 용기에서 시작된다.

1부는 제자도가 무엇보다 존재의 변화임을 일깨워 준다. 우리가 예수님을 따르는 이유는 단지 사명을 수행하기 위함이 아니라, 그분 안에서 새로 지어진 존재로 살아가기 위함이다.

그 빛이 우리를 부르신다. 이제, 당신의 내면 깊은 곳에서 그 부르심에 응답하라.

1장

빛 안에, 말씀과 함께

요한복음은 예수님의 탄생 이야기를 생략한다. 아니, 탄생 이전, 시간의 기원을 넘어 '태초'로 거슬러 올라간다. "태초에 말씀이 계시니라"(요 1:1)는 이 한 줄은 단순한 서정적 도입이 아니다. 존재론적 신학의 토대이며, 요한복음 전체를 떠받치는 서사적 기둥이다. 요한복음의 시작은 예수님의 정체를 설명하는 '계보'가 아니라, 그분이 하나님과 '함께' 계셨고, 곧 '하나님이셨다'는 신비를 선포한다. 이 '말씀'은 단지 '로고스'라는 개념이 아니라, 생명을 품은 빛이며, 세상 어둠 속으로 들어온 창조의 능력이다.

제자도는 바로 이 말씀을 알아보고, 그 빛을 따르며, 그 생명을 살아 내는 여정이다. 복음은 사건이 아니라 존재이며, 단순한 교리가 아니라 인격의 만남이다. 제자는 그 만남 속으로 초대된 자이며, 말씀 안에서 다시 태어난 새 존재다.

제자는 말씀 안에 존재의 뿌리를 둔다

요 1:1 태초에 말씀이 계시니라 이 말씀이 하나님과 함께 계셨으니 이 말씀은 곧 하나님이시니라

말씀으로 존재를 열다

요한복음의 제자도는 '하는 것'(doing) 이전에 '존재하는 것'(being) 에서 시작한다. 요한은 복음의 문을 여는 첫 문장에서 "태초에 말씀이 계셨다"고 선언한다. 이는 단순히 시간의 기점을 말하는 것이 아니다. "태초에 하나님이 천지를 창조하시니라"(창 1:1)가 '활동'(doing)의 시작 이라면, "태초에 말씀이 계시니라"(요 1:1)는 '존재'(being)의 선포다. 제 자도는 활동으로서의 헌신 이전에 존재로서의 연합이다. '계시다'(엔 ἦν)는 단순한 존재의 묘사가 아니라, 창조 이전부터 계신 '말씀'의 본 질을 나타낸다.[1] 말씀은 시간 이전에 계셨고, 그 존재 자체가 시작이 었다. 그러므로 제자도는 어떤 역할이나 임무를 향해 전진하기 전에, 존재의 뿌리를 말씀 안에 두는 일이다. 예수님을 따르려면 먼저 그분 안에 거해야 한다(요 15:4).

---

[1] '계시다'(엔 ἦν)는 동사 'to be'의 미완료 과거형이다. 이는 존재의 연속성을 나타내며, 말 씀이 시간의 시작 이전부터 계속해서 존재해 왔음을 강조한다.

말씀이 하나님과 함께

요한은 곧이어 "이 말씀이 하나님과 함께 계셨으니"라고 말한다. 여기서 '함께'라는 단어는 단순한 동행이 아니다. 헬라어 '프로스'(πρὸς)는 방향성 있는 '향하여'를 포함한 전치사다.[2] 곧 말씀은 하나님을 '향하여' 계셨다. 이 표현은 관계적 존재 방식, 곧 얼굴을 향한 연합을 의미한다. 성부와 성자 사이에는 완전한 친밀함이 있다. 그 친밀함 안에서 창조가 일어났고, 그 친밀함 안에서 구속이 이루어진다. 제자도는 바로 이 친밀함 안으로 들어가는 초대다. 예수님은 지식으로 우리를 이끌지 않았다. '함께함'이라는 존재 방식 안으로, 그분의 품으로 부르셨다(요 1:18). 그러므로 제자도의 첫걸음은 그분의 시선 아래 서 있는 것이다. 임재의 광휘 앞에 서는 것이고, 그 얼굴을 향하여 마음을 들이는 일이다.

말씀은 곧 하나님이시다

세 번째 구절은 요한복음 전체의 중심축이다. "이 말씀은 곧 하나님이시니라." '말씀'은 하나님과는 구별되지만, 동시에 하나님 자신이시다. 이 신비한 동격 표현은 예수 그리스도의 신성과 인격을 함께 드러낸다. "하나님과 함께" 계셨고 "곧 하나님"이셨던 그 말씀, 그분이

2　헬라어 '프로스'(πρὸς)는 단순한 '함께'(with)가 아니라, '~을 향하여'(toward)라는 방향성을 포함한 전치사다. 요한은 이 단어를 사용하여 말씀과 하나님 사이의 관계적 친밀감을 강조한다. 단순 공존이 아니라 인격적 교통을 뜻한다.

바로 우리가 따르는 주 예수 그리스도이시다. 제자도란 바로 하나님의 존재를 알아 가는 여정이다. 교훈이 아니라 인격을 따르는 일이다. 이는 성령의 빛 없이는 불가능하며, 단지 머리로 이해하는 믿음이 아닌, 전인격으로 응답하는 믿음이다.

어둠에 갇힌 세상을 비추는 빛

요 1:2-5 2 그가 태초에 하나님과 함께 계셨고 3 만물이 그로 말미암아 지은 바 되었으니 지은 것이 하나도 그가 없이는 된 것이 없느니라 4 그 안에 생명이 있었으니 이 생명은 사람들의 빛이라 5 빛이 어둠에 비치되 어둠이 깨닫지 못하더라

요한은 이미 했던 말을 반복한다. "그가 태초에 하나님과 함께 계셨고." 왜 같은 말을 다시 반복할까? 그것은 '말씀'이 단지 한시적인 등장인물이 아니라, 영원 전부터 계시며 존재 방식 자체가 '함께함'임을 강조하기 위해서다. 말씀은 하나님과 '함께' 계셨다. 하나님은 결코 고립된 존재가 아니다. 그분의 존재 방식은 '함께함'이며, 그 친밀함 속에서 생명이 흘러나온다.

우리는 종종 사람을 '필요'에 따라 찾고, '불편'에 따라 차단한다. 그러나 하나님은 존재 자체로 함께하신다. 완전하신 분이 또 다른 완

전하신 분과 함께하신다. 이것이 말씀의 존재성이며, 그분을 따르는 우리의 존재 방식 또한 공동체적 친밀함을 지향해야 하는 이유다.

말씀이 창조의 주체다

요한은 이어서 그 말씀 안에 있는 창조의 능력을 선언한다. "만물이 그로 말미암아 지은 바 되었으니." 모든 피조물은 '말씀'으로 지어졌다. 여기서 창조를 뜻하는 '기노마이'(γίνομαι)는 '되다', '존재하게 되다'라는 의미를 가진 동사로, 본문에 세 번이나 반복되었다. "하나님이 말씀으로 세상을 창조하셨다"는 창세기의 진술을 요한은 말씀 자신이 창조하신 분이라는 고백으로 심화시킨다.

"그가 없이는 된 것이 없느니라." 이 절대적 표현은 인간 존재뿐 아니라, 구원의 역사 전체가 말씀 없이는 불가능하다는 선언이다. 이것은 단순한 신화나 전설이 아니다. 모든 만물의 시작은 '말씀'에서 비롯되었으며, 그 말씀은 창조의 주체로서 세상 모든 것을 존재하게 하셨다. 따라서 세상은 '창조'가 아니라 '말씀'에서 시작된다. 창조 이전에 계신 말씀, 존재를 있게 하는 본질이 바로 말씀이다.

우리의 시작도 마찬가지다. 우리는 어떤 사건이나 업적, 사역으로 시작되지 않았다. 하나님의 말씀으로 존재하게 되었다. 그래서 모든 신자는 말씀 안에서 존재를 회복하고, 그 말씀에 붙들려 창조적 사명을 감당하는 자로 부름받는 것이다. 제자도는 인간의 노력이나 도약이 아니라 말씀으로 지어진 존재의 회복이며, 말씀으로 다시 태어나는 창조의 두 번째 시작이다(요 3:3).

요한은 말한다. "그 안에 생명이 있었으니 이 생명은 사람들의 빛이라." 말씀은 생명의 원천이다. 이 생명은 추상적인 에너지가 아니다. 살아 움직이고, 역사하며, 우리의 존재를 회복시키는 실제적 능력이다. 요한복음은 '생명'(조에 ζωή)을 반복하여 강조한다. 신약 전체에서 이 단어가 135번 등장하는데, 그중 66번이 요한 문서에, 그중에서도 36번이 요한복음에 나온다. 요한은 이 복음을 통해 '생명의 복음서'를 쓰고 있다.

요한은 이 생명이 곧 "사람들의 빛"이라고 말한다. 즉 빛은 생명을 드러내는 방식이며, 생명을 지닌 자는 반드시 빛나게 되어 있다. 제자도는 이 빛을 감추지 않는 삶, 생명의 말씀을 세상에 증언하는 존재 방식이다. 말씀 안에 있는 생명은 빛으로 드러난다. 여기서 빛은 단순한 상징이 아니다. 그 생명의 움직임이 눈에 보이는 역사로 드러나는 방식이다. 살아 있다면 반응하고 표현하게 되어 있다. 생명이 있다면 빛이 비친다. 빛이 나지 않는다면 생명이 없는 것이다.

'빛'(포스 φῶς)은 요한복음의 핵심 언어 중 하나로, 예수님은 "나는 빛으로 세상에 왔나니"(요 12:46)라고 밝히신다. 빛은 생명의 증거이고, 진리의 표현이며, 어둠 속에 갇힌 세상에 대한 하나님의 선포다.

빛은 이긴다

그러나 세상은 이 빛을 깨닫지 못했다. "빛이 어둠에 비치되 어둠이 깨닫지 못하더라." 놀랍게도 5절에서 시제가 바뀐다. 지금까지 과거형이던 문장이 이 구절부터 현재형으로 전환된다. 이는 단지 예수님 시대만이 아니라, 지금 이 순간에도 빛과 어둠의 충돌이 계속되고 있음을 뜻한다. 빛은 비치고, 어둠은 거부한다. 왜냐하면 "사람들이 자기 행위가 악하므로 빛보다 어둠을 더 사랑"(요 3:19)했기 때문이다.

여기서 '깨닫지 못하였다'라는 헬라어 '카탈람바노'(καταλαμβάνω)는 '깨닫지 못하다'와 '이기지 못하다'라는 이중적 의미를 담고 있다. 어둠은 빛을 이해하지도, 이기지도 못했다는 것이다. 어둠은 무지함만을 말하는 게 아니다. 어둠은 빛을 거부하는 상태, 말씀을 외면하는 영적 반역의 자세다. 어둠은 빛을 대적하지만, 빛은 단 한 번의 등장만으로도 어둠을 물리친다. 빛은 언제나 승리한다.

예수님은 공생애를 통해 이 진리를 몸소 보여 주셨다. 사람들은 예수님을 거부했고, 배척했고, 죽이기까지 했지만 그분은 부활하셨다. 빛은 죽음을 이기고 부활로 완성되었다. 여기서 제자의 존재 방식이 나타난다. 어둠에 속한 세상이 그를 이해하지 못해도, 심지어 적대할지라도 말씀의 빛은 계속해서 비춘다. 침묵해도 말씀은 빛난다. 낙심해도 빛은 이긴다.

제자는 빛에 대하여 증언한다

요 1:6-8 　6 하나님께로부터 보내심을 받은 사람이 있으니 그의 이름은 요한이라 7 그가 증언하러 왔으니 곧 빛에 대하여 증언하고 모든 사람이 자기로 말미암아 믿게 하려 함이라 8 그는 이 빛이 아니요 이 빛에 대하여 증언하러 온 자라

제자는 부르신 자다

요한복음의 서사는 예수 그리스도에 대한 우주적 고백 다음에 한순간 구체적인 한 사람의 이름으로 내려온다. "그의 이름은 요한이라." 예수님에 대한 영원한 존재 선언 바로 다음에 왜 갑자기 "보내심을 받은 사람"이라는 소개가 등장한 것일까? 이는 결코 감정의 이완이 아니라, 빛이 비치는 방식이 사람을 통해 이루어진다는 계시의 논리다. 말씀이 빛이라면, 그 빛은 누군가의 삶을 비춘다. 그리고 그 첫 번째 증인이 바로 "보내심을 받은 사람", 세례 요한이다.

'보내심을 받았다'의 헬라어는 '아페스탈메노스'(ἀπεσταλμένος)로, '사도'(아포스톨로스 ἀπόστολος)와 어원을 같이한다. 즉 세례 요한은 단순히 역사 속 인물이 아니라, "보내심을 받은 자"(apostle)로서 모든 제자의 모델이다. 제자도란 스스로 걷는 길이 아니다. 보내신 이가 계시며, 그 부르심에 응답하며 사는 길이다.

세례 요한의 존재 이유는 분명하다. "그가 증언하러 왔으니." 그는 복음의 주체가 아니다. 그는 빛이신 예수님을 증언하는 사람이다. 여기서 '증언하다'(마르튀레오 μαρτυρέω)라는 동사가 두 번, '증언'(마르튀리아 μαρτυρία)이라는 명사가 한 번, 총 세 차례나 '증언'이라는 말이 등장한다. 요한복음 전체에서 이 단어는 47번 반복되며, 요한복음 신학에서 핵심적인 선교 개념이다.

증언이란 본 것을 말하는 것이다. 그러나 그것은 단지 정보의 나열이 아니다. 증언은 생명을 건 고백이며, 진리 앞에서 자기 삶을 내어놓는 인격적 응답이다. 제자도란 진리를 살아 내는 삶의 증언이다. 사도 요한은 세례 요한의 사명이 "모든 사람이 자기로 말미암아 믿게 하려 함"이라고 말한다. 그러나 그는 스스로 구원의 통로가 아님을 잘 알고 있다. 그는 단지 믿음으로 나아가는 다리를 놓는 자일 뿐이다. 사도 요한은 세례 요한에 대해 "그는 이 빛이 아니요 이 빛에 대하여 증언하러 온 자라"고 했다. 여기서 제자도의 정체성이 드러난다. "나는 주가 아니며, 다만 주를 가리키는 자다." 진정한 제자는 자신의 위치를 정확히 알고, 기꺼이 배경이 되는 사람이다.

증언자는 주인공을 드러낸다

세례 요한은 '빛에 대해 증언하는 자'로 살았다. 그것이 오히려 빛을 가장 선명하게 비추는 방식이다. 이 고백은 뒤이어 나오는 세례 요한의 선언, "그는 흥하여야 하겠고 나는 쇠하여야 하리라"(요 3:30)로 이어진다.

제자도의 핵심은 주인공이 되는 것이 아니라, 주인공을 드러내는 것이다. 우리는 모두 자기의 이름을 드러내고 싶은 욕망 속에 산다. 그러나 참 제자는 "나는 빛이 아니요"라는 고백으로부터 시작한다. 빛은 예수님이시다. 우리는 그분을 비추는 등불일 뿐이다(요 5:35). 우리는 그 빛을 증언하는 자로 부름 받았다. 말씀의 생명을 받은 자는 증언하지 않고는 견딜 수 없다. 은혜는 반드시 증언으로 열매를 맺는다. 구원은 사명을 낳고, 그 사명은 곧 증언의 삶으로 나타난다.

◆ 제자도 묵상 1 : 빛 가운데 걷는 길

1. **태초에 말씀이 계셨고, 그 말씀은 곧 하나님이셨다.**
   → 제자도는 '나'의 시작이 아니라 '그분'의 영원하심 앞에서 시작된다.

2. **만물이 말씀으로 말미암아 지어졌고, 말씀 안에 생명이 있었다.**
   → 제자도는 생명의 근원이신 말씀에 의존하며 사는 삶이다.

3. **말씀 안에 있는 생명은 사람들의 빛이었다.**
   → 제자도는 어둠을 밝히는 생명의 빛으로 세상을 비추는 삶이다.

4. **빛이 어둠에 비치되, 어둠은 깨닫지 못했다.**
   → 제자도는 어둠 속에서도 꺼지지 않는 빛으로 사는 삶이다.

5. **하나님이 사람을 보내셨으니, 그의 이름은 요한이다.**
   → 제자도는 자신을 드러내지 않고, 보내심에 응답하는 부르심이다.

6. **세례 요한은 빛이 아니요, 다만 그 빛에 대하여 증언하러 온 자다.**
   → 제자도는 자신이 주인공이 아님을 고백하고, 그리스도를 가리키는 삶이다.

7. **참 빛, 곧 세상에 와서 각 사람에게 비추는 빛이 있었다.**
   → 제자도는 그 빛을 따라 삶의 모든 영역에서 주님을 드러내는 삶이다.

◆ 더 깊이 생각하기

1. 본문에서 '말씀', '생명', '빛'이라는 단어는 어떤 순서로 등장하며, 그것은 어떤 의미가 있다고 생각하나요? 요한이 이 단어들을 선택한 이유가 무엇인지 함께 나누어 보세요.

_____

_____

_____

2. 요한은 왜 예수님을 '말씀'이라고 표현했을까요? '로고스'라는 표현이 당시 유대인과 헬라인 모두에게 어떤 의미였는지를 상상해 보세요. 예수님이 '빛'으로 우리에게 다가오신다는 것은 구체적으로 어떤 뜻일까요?

_____

_____

_____

3. 요한은 이 말씀의 빛이 "어둠에 비치되 어둠이 깨닫지 못하더라"라고 말합니다. 내 삶의 영역 중에서 어둠처럼 느껴지는 부분이 있나요? 그 어둠 속에서 하나님의 빛 앞에 나를 열기 위해 어떤 기도를 드릴 수 있을까요?

_____

_____

_____

2장

제자의 길, 빛을 따라가는 여정

요한복음의 빛의 선언은 드러남과 거절이 동시에 시작되는 사건이다. 참 빛이 세상에 오셨지만, 사람들은 그분을 알지 못했고, 자기 땅에 오신 분을 영접하지 않았다. 그러나 이 어둠과 배척 속에서도, 영접하는 자들에게는 하나님의 자녀가 되는 권세가 주어졌다.

요한복음의 이 서두는 단지 예수님의 정체를 설명하는 것이 아니라, 그 빛 앞에 서 있는 인간 존재의 반응을 드러내는 거울과도 같다. "빛을 보았는가? 영접하였는가? 믿는가? 그 이름에 자신을 맡겼는가?" 이 질문은 존재의 전환을 요구하는 부르심이다.

제자도는 그 이름을 믿는 자로서 빛을 따라가는 여정이다. 세상의 어둠 속에서 빛을 분별하고, 세상의 배척 속에서 예수님을 영접하며, 하나님의 자녀로 살아가는 길. 그 길 위에 서는 것이 그 이름을 믿는 자의 길, 곧 제자의 길이다.

그리스도는 모두를 비추는 참 빛이다

요 1:9 참 빛 곧 세상에 와서 각 사람에게 비추는 빛이 있었나니

어둠을 뚫고 오는 빛의 선언

'참 빛'은 단순히 '진짜 빛'이라는 말이 아니다. 요한복음에서 '참된'(알레디논 ἀληθινόν)은 언제나 모형이 아닌 실체를 가리킨다.[3] 광야의 만나가 참 양식이 아니듯 세례 요한은 빛이 아니요, 그 빛을 증언하러 온 자일 뿐이었다(요 1:8). 그러므로 9절의 '참 빛'은 창세기 1장의 "빛이 있으라"(창 1:3)라는 창조의 순간을 넘어서서, 새 창조의 시작을 선포하는 말씀이다. 그 빛은 이제 막연한 개념이 아니라 인격이며, 임재이며, 구원이다.

세상에 임하신 말씀

요한복음에서 처음 '세상'(코스모스 κόσμος)이라는 단어가 등장한다. "세상에 와서"라는 구절에서, 말씀이 빛으로서 '세상 안으로 들어오심'이 선포된다. 이는 우리를 찾아오신 하나님의 결정적 행동이다. 말씀은 세상 밖에서 외치는 메아리가 아니라, 우리의 현실 속으로 침투하여 비추는 구원의 시작이다.

---

3 요한복음에서 '참'(알레티노스 ἀληθινός)은 단순한 진위의 구분을 넘어, 모형이나 그림자가 아닌 궁극적이고 완전한 실체를 의미한다(예: 참 포도나무(요 15:1), 참 떡(요 6:32)).

각 사람에게 비추는 빛

"각 사람에게 비추는 빛"이라는 말은 선택된 사람이나 특정한 민족에게만 비추는 빛이 아니라는 뜻이다. 그리스도는 모든 사람에게 개별적으로 비추는 빛이시다. 누구도 그 빛에서 제외되지 않으며, 누구도 그 빛에 응답하지 않을 수 없다. 이 표현은 보편적 은혜와 동시에 인격적 초청을 내포한다. 그러나 모든 사람이 그 빛을 환영하지는 않는다. 바로 이 비극이 10절과 11절의 전개로 이어진다.

그 빛에 반응하는 삶인가

요 1:10-11   10 그가 세상에 계셨으며 세상은 그로 말미암아 지은 바 되었으되 세상이 그를 알지 못하였고 11 자기 땅에 오매 자기 백성이 영접하지 아니하였으나

그를 알지 못한 세상

이 구절은 '말씀'이 단지 세상 속으로 들어온 존재가 아니라, 세상을 창조한 근원이심을 다시 한 번 분명히 한다. "그로 말미암아 지은 바 되었으되"라는 표현은 창조 주체로서의 로고스를 강조하며, 우주 전체의 존재 근거가 말씀임을 선포한다. 이는 단지 물리적 차원의 창조가 아니라, 생명의 구조와 질서, 의미와 방향성을 부여하는 창조다.

그런데 놀랍고도 비극적인 역설이 이어진다. 그분이 지으신 피조물이 그분을 알아보지 못했다는 것이다.[4] 창조주는 오셨으나, 피조물은 무감각했다.

여기서 다시 '세상'(코스모스 κόσμος)이 등장한다.[5] 앞서 9절에서는 그 빛이 "세상에 와서" 각 사람에게 비추었지만, 10절에서는 이 세상이 그를 "알지 못하였고"라고 말하는데, 이 변화는 '코스모스'의 삼중적 성격을 드러낸다.

◇ 창조의 대상(긍정적)

◇ 어둠의 지배를 받는 현실(부정적)

◇ 구원의 대상(가치중립적)

복합적 공간으로 '세상'이 자리 잡고 있다. 요한복음의 제자도는 이 '세상'의 현실을 외면하지 않는다. 오히려 그 안으로 깊이 들어가 빛으로 살아가는 정체성을 드러낸다.

---

4 "알지 못하였다"의 헬라어 '우크 에그노'(οὐκ ἔγνω)는 단순한 인지의 부재가 아니라 관계적 무지 혹은 거절을 포함한 표현이다. 이는 요한복음 전체에서 불신과 영적 맹인의 문제로 이어진다(요 8:19, 10:14 참고).

5 요한복음에서 '세상'(코스모스 κόσμος)은 하나님의 사랑의 대상(요 3:16)이면서도 예수님을 미워하는 세력(요 15:18 - 19)이며, 동시에 제자들이 보냄을 받은 선교적 공간(요 17:18)이기도 하다.

자기 땅, 자기 백성

빛은 세상 전체를 비추었지만, 특히 예수님은 하나님의 언약 백성인 유대인에게 오셨다. "자기 땅"은 그들이 거주하는 물리적 장소이자, 하나님이 선민에게 주신 영적 유산과 약속의 영역을 상징한다. 그런데 "자기 백성"이 그분을 영접하지 않았다.[6]

요한복음은 처음부터 하나님의 백성이 실패했음을 정직하게 보여 준다. 제자도는 먼저 복음에 대한 사람들의 반응을 보게 한다. 그리고 우리에게 묻는다. "나는 정말 그분을 영접하고 있는가?" 예수님은 지금도 자기 백성 곁에 서 계시지만 그분을 거절하는 일은 반복되고 있다. 그러나 하나님은 여전히 우리를 기다리며 우리 마음문을 두드리고 계신다.

빛이 세상을 비추었음에도 불구하고, 그 빛을 알아보지 못하고 거절하는 현실은 오늘도 반복된다. 교회를 다니고 말씀을 안다고 해서 예수님을 진정으로 '영접한' 제자라고 말할 수 없다. "자기 땅", "자기 백성"이 되었다고 착각하기보다 나는 그 빛 앞에 실제로 반응하고 있는가를 매 순간 묻고 살아야 한다. 제자는 그분이 오셨을 때 알아보고 영접하는 자다.

---

6 "자기 땅"(타 이디아 τὰ ἴδια)과 "자기 백성"(호이 이디오이 οἱ ἴδιοι)은 동일 어근을 가진 단어로, 예수님이 창조하신 땅과 선택하신 민족 모두를 포함하는 표현이다.

제자도는 예수 권세를 따라가는 삶이다

요 1:12-13 12 영접하는 자 곧 그 이름을 믿는 자들에게는 하나님의 자녀가 되는 권세를 주셨으니 13 이는 혈통으로나 육정으로나 사람의 뜻으로 나지 아니하고 오직 하나님께로부터 난 자들이니라

영접하는 자 곧 그 이름을 믿는 자들

11절에서 "영접하지 아니하였으나"라는 부정형이 등장한 후, 12절은 정반대로 영접하는 자들을 조명한다. 바로 "그 이름을 믿는 자들"이다. 여기서 주목할 표현은 "그 이름을 믿는다"다.[7] 성경에서 '이름'은 단순한 호칭이 아닌 존재 전체, 인격과 권위의 표상이다. 그러므로 그 이름을 믿는다는 것은 예수님의 존재와 사역 전체에 자신을 맡기는 것이다.

자녀가 되는 권세

'영접'은 단지 감정적인 수용이 아니다. 신분의 전환이 일어나는 실제적인 변화다. 그 결과가 바로 "하나님의 자녀가 되는 권세"다. 여기서 '권세'로 번역된 단어는 '엑수시아'(ἐξουσία)로, 단순한 특권이 아니라 권한과 지위, 책임이 함께 담긴 위임된 권리다.

---

7 '이름을 믿는다'는 요한복음에서 반복적으로 전인격적 헌신을 나타낸다(요 2:23, 3:18, 20:31 참고). 이는 단순한 교리의 동의가 아니라 의탁과 순복의 관계성을 내포한다.

즉 믿는 자는 하나님 나라의 시민권을 부여받는 동시에 그분의 가족으로 살아갈 존재적 권한을 가진다. 또한 그 이름에 합당한 삶을 살아야 할 사명을 위임받는다. 제자도는 바로 이 권세를 따라 살아가는 삶이다. 자녀가 된 자는 자녀답게, 예수님의 성품과 정체성을 닮아 가야 한다.

하나님께로부터 난 자들

13절은 '자녀 됨'의 근원과 본질을 분명히 밝힌다. "혈통으로나 육정으로나 사람의 뜻으로 나지 아니하고 오직 하나님께로부터 난 자들." 이것은 '하나님의 자녀 됨'이 인간의 노력이나 가문, 전통, 의지로 이루어지는 일이 아니라는 선언이다. 오직 은혜의 사건이며, 성령으로 거듭나는 하나님의 주권적 역사다.

'혈통'은 유대인의 혈연 중심 구원을 부정하고, '육정'은 인간 본성의 욕망을 배제하며, '사람의 뜻'은 인간의 계획이나 결단으로도 안 된다고 선포한다. 이것은 예수님이 니고데모에게 하신, "다시 태어나야 한다"(요 3:3)는 말씀과 정확히 상응한다. 제자도는 이러한 하나님의 새 생명에 참여하는 길임을 명확히 한다.

예수님을 영접하고 그 이름을 믿는 자에게는 '하나님의 자녀'라는 전무후무한 신분의 전환이 일어난다. 그런데 이 자녀 됨은 전적으로 하나님으로부터 시작된 은혜다. 그렇기에 우리는 이 권세를 자랑이 아닌 감사로, 소유가 아닌 사명으로 받아들여야 한다. 하나님의 자

녀로 부르심 받은 우리는 그 이름에 걸맞는 삶을 살아야 한다. 그것이
진정한 제자의 삶, 영접하는 자로서의 여정이다.

1. '참 빛'이 모든 사람을 비추고 있었지만, 사람들은 그것을 알지 못했다.
   → 제자도는 어둠 가운데서도 빛을 인식하고, 그 빛을 따라 살아가는 결단이다.

2. '세상'은 창조된 질서이자 하나님을 거부하는 어둠의 자리다.
   → 제자도는 세상에서 살지만, 세상에 속하지 않는 거룩한 경계 위의 부르심이다.

3. 주님은 자기 땅에 오셨으나, 자기 백성은 그분을 영접하지 않았다.
   → 제자도는 배척당하신 주님과 함께 거절당함을 감당하는 연합의 삶이다.

4. '영접'은 단순한 감동이 아니라 삶의 주권을 주님께 드리는 전환이다.
   → 제자도는 예수님의 이름을 믿고 따르는 전인격적 헌신이다.

5. '하나님의 자녀 됨'은 은혜의 신분이자 사명의 자리다.
   → 제자도는 자녀로 누리는 특권을 넘어, 자녀답게 살아가는 책임의 여정이다.

6. '거듭남'은 인간의 결단이 아닌 하나님의 주권적 은혜로 이루어진다.
   → 제자도는 자기 노력의 산물이 아니라, 전적인 은혜 위에 세워진 감사의 응답
   이다.

7. '그 이름을 믿는 자'는 점점 그 이름의 형상으로 변화되어 간다.
   → 제자도는 믿음으로 시작해, 결국 그리스도와 하나 되는 성화의 길이다.

✦ 더 깊이 생각하기

1. 요한은 예수님을 '참 빛'이라고 소개하며, 그 빛이 세상에 와서 각 사람에게 비추었다고 말합니다. 본문에 나오는 사람들의 반응에는 어떤 차이가 있나요? "영접하지 아니하였으나"와 "영접하는 자" 사이의 대비를 주목해 보세요.

_____

_____

_____

2. "영접하는 자 곧 그 이름을 믿는 자들에게는 하나님의 자녀가 되는 권세를 주셨으니"라는 말씀에서, '권세'라는 단어는 어떤 의미인가요? 왜 요한은 자녀 됨을 '선물'이 아니라 '권세'라고 표현했을까요? 요한은 이 권세가 인간의 의지나 노력으로 된 것이 아니라고 강조합니다. 이 점이 제자도에 어떤 의미를 주나요?

_____

_____

_____

3. 나는 예수님을 '영접한 자'로서, 지금 어떤 정체성과 권세를 누리며 살고 있나요? "나는 하나님의 자녀다"라는 선언이 내 일상과 관계 속에서 어떻게 드러나고 있나요? 최근 나의 삶에서 이 정체성이 흔들렸던 순간은 없었는지 돌아보며, 그 자리에서 다시 믿음으로 서기 위한 결단을 나누어 보세요.

_____

_____

_____

3장

은혜 위에 은혜!

요한복음의 서문(요 1:1 - 18)은 말씀의 영원성과 성육신을 중심으로, 예수 그리스도의 신성과 사역을 점층적으로 드러낸다. 그중 14 - 18절은 서문의 클라이맥스로서, 말씀이 육신이 되어 우리 가운데 거하시고, 우리가 그 영광을 본 사건을 중심으로 전개된다. 이는 더 이상 개념이나 상징의 차원이 아닌, 인간의 역사 속에 구체적으로 임하신 하나님에 대한 선포다.

이 단락은 성육신하신 예수님을 통해 은혜와 진리가 어떻게 나났는지를 보여 주며, 그 충만함에서 우리가 은혜 위에 은혜를 받은 존재임을 고백하게 한다. 또한 누구도 보지 못했던 하나님을 독생하신 아들이 드러내셨다는 선언은 예수님이 하나님의 계시 그 자체이심을 보여 준다.

제자도는 말씀이 육신 되심을 받아들이고, 그분 안에서 하나님의 자녀로 사는 길이다. 보이지 않던 하나님을 드러내는 삶, 율법을 넘어 은혜로 살아가는 존재, 아버지의 품을 알고 따르는 여정이 바로 제자의 길이다. 이것이 요한복음이 선포하는 복음의 서문이며, 제자도의 출발점이다.

하늘 영광이 땅의 삶으로 걸어 들어오셨다

요 1:14 말씀이 육신이 되어 우리 가운데 거하시매 우리가 그의 영광을 보니 아버지의 독생자의 영광이요 은혜와 진리가 충만하더라

말씀이 육신이 되어

그분은 '말씀'이셨다. 태초부터 계셨고, 하나님과 함께 계셨으며, 하나님이셨던 그 말씀이 "육신이 되어" 오셨다. '육신'(사륵스 σάρξ)[8]은 단지 몸을 가진 인간이라는 의미가 아니라, 죄로 인해 연약해진 인간의 조건 전체를 가리킨다. 말씀이 그런 인간이 되셨다는 선언은 신학적 충격이다. 하나님이 우리의 무너진 조건을 기꺼이 입으신 사건이 곧 성육신이다. 제자도는 추상적 이상이 아니라, 성육신을 본받는 '임

---

8 바울은 '사륵스'(σάρξ)를 죄 된 본성으로 지칭한 반면, 요한은 이를 '연약한 인간 존재 전체'로 바라보았다. 요한복음에서 이 단어는 신적 말씀이 실제 인간이 되었다는 사실을 강조한다.

재의 삶'으로 드러난다. 하늘의 영광이 땅의 삶 안으로 걸어 들어오셨다.

우리 가운데 거하시매

그분은 단지 오신 것이 아니라 "우리 가운데" 거하셨다. 요한복음에서 처음 등장하는 '우리'[9]라는 표현은 복음이 추상적 선언이 아니라 지금 여기, 믿는 이들의 공동체 안에 실현된 임재임을 선포하는 고백이다. 하나님은 인간을 떠난 신이 아니라 '우리와 함께'하시며, '우리 안에' 거하시려는 하나님이시다. 제자의 삶이란 주님과 함께 거하는 장막의 삶이다.

'거하시매'[10]는 문자적으로 '장막을 치다'라는 뜻으로, 구약의 성막 (출 40:34)을 떠올리게 한다. 하나님의 영광이 이스라엘 진영 한가운데 임했던 것처럼, 이제는 예수 그리스도가 친히 우리 가운데 장막을 치셨다. 그분은 '함께 거하시는 하나님'이다. 하나님은 인간을 떠난 신이 아니라, 우리 안으로 오셔서 함께 사시는 분이다. 제자의 삶이란 주님

---

9 '우리에게'(헤민 ἡμῖν)는 복수 1인칭 여격이며, 요한복음 전체에서 이 시점에 처음 등장한다. 이 인칭의 사용은 복음이 보편적 계시로 시작되었지만, 이제 믿는 자들의 공동체 안에서 인격적·구체적 체험으로 전환되었음을 나타낸다. 바울 서신의 서두(롬 1:5; 갈 1:3)와 비교해 보면, 요한은 보다 서정적이며, 상징과 존재론적 깊이를 통해 '하나님의 말씀이 우리 안에 장막을 치셨다'는 복음의 실재를 증언한다.

10 '거하시다'(에스케노센 ἐσκήνωσεν)는 헬라어 '스케네'(σκηνή, 장막)에서 파생된 동사로, 구약 성막의 쉐키나 영광과 연결된다. 요한은 예수님을 통해 하나님의 쉐키나가 인격으로 임하셨음을 암시한다.

과 함께 거하는 장막의 삶이다. 영광은 멀리 있는 것이 아니다. 늘 곁에, '가운데'에 있다.

하나님의 영광을 보니

우리는 그분의 영광을 보았다. 이는 단지 육안으로 본 시각적 광경이 아니라, 계시로서 '알아차림'이다. "아버지의 독생자의 영광"이라는 표현은 예수님 안에서 드러난 하나님의 본질을 가리킨다. 구약에서는 누구도 하나님의 얼굴을 보지 못했지만, 이제 우리는 예수님 안에서 그분의 얼굴을 본다. 이 영광은 "은혜와 진리가 충만하더라"[11] 라는 선언으로 이어진다. 모세가 율법을 통해 하나님을 알았다면, 우리는 예수님을 통해 은혜와 진리로 충만하신 하나님을 안다. 제자는 그 충만함을 날마다 마시는 사람이다. 진정한 제자는 영광을 '보고' 영광 안에 '거하는' 사람이다.

제자는 은혜를 기억하고, 은혜로 살아간다

요 1:15-17 15 요한이 그에 대하여 증언하여 외쳐 이르되 내가 전에 말

---

11 '은혜와 진리'(카리스 카이 알레데이아 χάρις καὶ ἀλήθεια)는 출애굽기 34장 6절의 '자비롭고 은혜롭고 진실하신 하나님'의 신적 성품을 반영하는 표현이다. 요한은 예수님 안에서 그 성품이 완전히 드러났다고 선언한다.

하기를 내 뒤에 오시는 이가 나보다 앞선 것은 나보다 먼저 계심이라 한 것이 이 사람을 가리킴이라 하니라 16 우리가 다 그의 충만한 데서 받으니 은혜 위에 은혜러라 17 율법은 모세로 말미암아 주어진 것이요 은혜와 진리는 예수 그리스도로 말미암아 온 것이라

제자는 예수께 내어 드린다

세례 요한의 증언은 반복되는 한 문장으로 요약된다. "내 뒤에 오시는 이가 나보다 앞선 것은 나보다 먼저 계심이라."[12] 순서를 보자면 예수님은 요한보다 뒤에 오셨다. 그러나 본질로 보면 요한보다 앞선 분이시다. 시간의 흐름에서는 나중이지만, 존재의 본질에서는 처음이요 근본이시다.

여기서 '앞섰다'는 표현은 단순한 우위나 명예의 차원이 아니라, 존재의 선재성, 곧 '처음에 계셨던 로고스'로서의 절대적 주권을 뜻한다. 이것은 1장 1-3절에서 이미 밝혀진 바이며, 요한은 그 로고스를 다시 가리키고 있는 것이다.

요한의 증언은 자신을 따르던 자들을 예수께로 이끄는 데 집중되어 있다. "그는 흥하여야 하겠고 나는 쇠하여야 하리라"(요 3:30)는 그의 고백처럼, 제자는 자기의 자리를 예수님께 내어 드리는 사람이다. 자

---

12 "그가 나보다 먼저 계심이라"(프로토스 무 엔 πρῶτός μου ἦν)는 단순한 시간 순서가 아니라 존재론적 선재성을 강조한다. 동일한 구조는 요한복음 8장 58절 "아브라함이 나기 전부터 내가 있느니라"에서도 반복된다.

요한의 제자도

신을 향한 주목을 거두고 빛을 가리키는 삶, 그것이 제자의 첫 사명이기도 하다.

은혜로 완성되는 제자의 여정

"우리가 다 그의 충만한 데서 받으니 은혜 위에 은혜러라." 이 놀라운 구절은 요한복음의 전체 주제를 요약한 진술이라 할 수 있다. '그의 충만함'은 창조의 생명, 말씀의 권능, 하나님의 임재, 은혜와 진리로 충만하신 하나님의 본질이다. 우리는 결핍된 상태에서 그의 충만으로부터 공급받는다. 그런데 한 번 주시는 것으로 끝나지 않는다. "은혜 위에 은혜"[13]라는 표현은 은혜의 무한한 공급과 연속성을 뜻한다.

이 구절은 구약의 언약적 은혜 위에 그리스도 안에서 나타난 완전한 은혜가 더해졌음을 암시한다. 율법 안에서 주어진 계시와 구원이 불완전한 것이 아니라, 그리스도 안에서 그것이 완성되고 넘쳐 난 것이다. 마치 이스라엘의 광야 여정 중에 날마다 하늘에서 내려온 만나처럼, 제자의 여정도 은혜로 시작해 은혜로 지속되며, 은혜로 완성된다.

제자는 은혜로 산다

"율법은 모세로 말미암아 주어진 것이요 은혜와 진리는 예수 그리

---

13 "은혜 위에 은혜"(카린 안티 카리토스 χάριν ἀντὶ χάριτος)에서 '위에'라는 표현은 '대신에'로 번역되는 '안티'(ἀντὶ)를 사용했는데, 여기서는 '계속해서', '쉴 새 없이 이어지는' 은혜의 흐름을 의미하는 전치사적 관용구로 이해된다.

스도로 말미암아 온 것이라"는 구절은 구약과 신약, 계시의 단계, 그리고 하나님의 구원 경륜을 한 문장 안에 품고 있다. 율법은 모세를 통해 주어졌다. 이는 하나님이 그분의 백성과 맺으신 거룩한 언약의 표현이었다. 그러나 그것은 그림자이며 예표였다. 그 실체는 예수 그리스도 안에서 왔다. 이제 "은혜와 진리"가 율법의 자리를 대체하거나 폐기한 것이 아니라, 그 본래 목적을 완성하고 실현시킨 것이다.

"은혜와 진리"는 1장 14절에서도 사용된 표현이다. 이는 히브리어 '헤세드'(חֶסֶד)와 '에메트'(אֱמֶת), 곧 하나님의 언약적 사랑과 신실함을 헬라어로 번역한 개념적 짝으로도 이해할 수 있다. 곧 예수님은 하나님의 언약적 사랑과 신실하심을 온전히 드러내신 분이다. 그분을 통해 우리는 율법의 요구가 아니라, 관계 안에서 누리는 은혜의 자리로 부름받는다.

예수님은 제자들에게 충만한 은혜를 나누어 주셨다. 이 은혜는 "은혜 위에 은혜"로 부어지며, 제자 된 우리는 오늘도 매 순간 하늘에서 내려 주시는 새로운 은혜로 살아간다. 율법은 행위의 기준을 제시했지만 그리스도는 삶의 본을 보여 주셨고, 그 생명을 나누어 주셨다. 제자도란 은혜를 기억하고, 은혜에 응답하며, 은혜로 살아가는 길이다.

하나님의 자녀로 그리스도를 따르며

> 요 1:18　본래 하나님을 본 사람이 없으되 아버지 품속에 있는 독생하신 하나님이 나타내셨느니라

제자는 보지 않고도 따른다

요한은 "본래 하나님을 본 사람이 없으되"라고 선언한다. 여기서 '보다'[14]는 단순히 육안으로 하나님을 본 적이 없다는 차원을 넘어서, 하나님의 깊은 본성과 실재를 온전히 알 수 있는 존재는 인간 중에 없다는 고백이다. 모세가 "주의 영광을 내게 보이소서"라고 요청했을 때, 하나님은 등만 보여 주시며 "나를 보고 살 자가 없음이니라"(출 33:20)고 말씀하셨다. 하나님은 인간의 이성이나 시야로 감지될 수 있는 대상이 아니다. 인간은 계시 없이는 하나님께 이를 수 없다.

이 구절은 제자도에서 필연적인 겸손의 자리를 요구한다. 그 어떤 인식도, 경험도, 인간적인 통찰도 하나님을 완전히 포착할 수 없다는 전제 위에서 시작되어야 한다. 제자도는 보지 않고도 따르는 여정, 그리고 보이지 않는 이를 믿는 삶이다.

14　'보다'(헤오라켄 ἑώρακεν)는 헬라어 동사 '호라오'(ὁράω)의 완료 시제다. 본문에서는 3인칭 단수 완료 직설태 능동형으로, 절대적 부정을 강조한다. 인간의 타락한 상태로는 하나님의 본질을 인식하는 것이 불가능함을 드러낸다.

예수님을 알면 하나님을 안다

"아버지 품속"이라는 표현은 단지 가까이 있다는 말이 아니다. '품속'(콜폰 κόλπον)은 신체적 거리를 나타내는 표현이 아니라 친밀함의 상징이다. 이는 삼위 하나님 간의 사랑과 교제, 그리고 그 교제를 통해 우리에게 하나님을 전하시는 사역의 자리를 드러낸다.

요한은 여기서 놀라운 표현을 전한다. 예수님이 "독생하신 하나님"(모노게네스 데오스 μονογενὴς θεὸς)이라는 것이다. 이는 문자 그대로 '유일하신 하나님의 아들'이 아닌 '하나님의 본질을 가지신 유일한 존재'를 뜻한다.[15] 예수님은 삼위 하나님의 친밀한 교제 안에 계신 분으로서, 하나님의 마음, 하나님의 성품, 하나님의 뜻을 가장 완전하게 아신다.

"독생하신 하나님"이신 예수님이 하나님을 나타내셨다. 여기서 '나타내셨다'(에크제게사토 ἐξηγήσατο)라는 말은 '해석하다', '설명하다', '밝히 드러내다'라는 의미를 지닌 동사로, 오늘날 우리가 쓰는 '주해'(exegesis)의 어원이기도 하다. 요한은 이 단어를 통해 예수님이 단순히 하나님을 '보여 주셨다'는 의미를 넘어서, 하나님의 본성과 뜻과 마음을 해석하고 계시하셨다고 밝히는 것이다.

---

15 실제로 이 표현은 초대교회에서 많은 논쟁을 불러일으켰고, 몇몇 사본은 '독생자'(휘오스 υἱός)로 바뀌기도 했다. 일부 사본은 '모노게네스 휘오스'(μονογενὴς υἱός, 독생자)로 기록되어 있으나, P66, P75, ℵ(B), C 등 알렉산드리아 계열의 고대 사본은 '모노게네스 테오스'(μονογενὴς θεὸς, 독생하신 하나님)로 되어 있다. 신학적으로도 요한의 고백과 더 부합된다는 것이 현대 비평학계의 다수 견해다.

예수님은 하나님에 대한 유일하고 참된 해석자이시다. 따라서 하나님을 알고 싶다면 예수 그리스도를 바라보아야 한다. 하나님을 경험하고 싶다면 예수 그리스도를 따라야 한다. 그분은 하나님에 대한 우리의 질문에 답하시는 하나님의 해석이자 인격적인 주해이시다. 예수님의 말씀은 하나님의 말씀이요, 예수님의 행위는 하나님의 뜻이며, 예수님의 마음은 하나님의 사랑 그 자체다. 제자는 그리스도를 보면서 하나님을 보고, 그리스도를 따르며 하나님의 뜻을 따른다. "예수님을 알면 하나님을 안다"는 고백이 제자도 여정의 출발점이다.

요한복음 1장 1–18절은 단지 복음의 도입이 아니다. 그 자체가 하나의 완결된 서사 구조[16]로, 말씀으로 시작된 빛의 여정이 결국 '하나

---

16 키아즘 구조(Chiastic Structure)는 성경 히브리 문학에서 자주 사용되는 문학적 장치로, 중심 주제를 강조하기 위해 문단을 대칭 구조로 배열한다. 요한복음 1장 1–18절은 다음과 같은 키아즘 구조를 이루며, 중심에 "하나님의 자녀가 되는 권세"(요 1:12)를 배치하고 있다.

A (1–2절) 태초에 말씀이 계심
  B (3절) 창조
    C (4–5절) 생명과 빛
      D (6–8절) 세례 요한을 보내심
        E (9–10절) 세상에 오신 빛
          F (11절) 영접하지 않음
            G (12절 상) 그분을 영접함
              H (12절 중) 하나님의 자녀가 되는 권세
            G′ (12절 하) 그분을 믿는 자
          F′ (13절) 하나님께로부터 난 자들
        E′ (14절) 세상에 오신 성육신
      D′ (15절) 세례 요한의 증언
    C′ (16절) 은혜 위에 은혜
  B′ (17절) 율법과 은혜
A′ (18절) 독생하신 하나님이 나타내심

님의 자녀가 되는 길'로 수렴된다는 점에서 제자도의 본질을 깊이 있게 선포한다.

요한복음의 서막, 하나님의 자녀가 되는 제자의 길

요한복음 1장 1절과 18절은 서막 전체의 수미상관 구조를 이룬다. "태초에 말씀이 계시니라"(요 1:1)로 시작된 이야기는 "독생하신 하나님이 하나님을 나타내셨다"(요 1:18)라는 선언으로 마무리된다. 이 대칭 구조는 창조의 말씀과 계시의 말씀이 결국 하나의 중심, 곧 하나님의 자녀 됨이라는 축으로 수렴되고 있음을 보여 준다. 그분을 영접하고, 그 이름을 믿는 자들만이 '하나님의 자녀가 되는 권세'[17]를 받는다.

이 서막은 요한복음 전체를 여는 문이며, 동시에 예수님을 따르는 제자도의 첫걸음을 비추는 말씀이다. '하나님의 자녀가 되는 것'이야말로 요한복음이 전하고자 하는 가장 깊은 복음이며, 제자가 가야 할 본질이다.

---

17 '하나님의 자녀'라는 개념은 요한복음뿐 아니라 요한서신(요일 3:1 - 2), 로마서 8장 등에서 반복되며, 하나님 나라 백성으로서의 정체성과 삶을 드러내는 핵심 신학이다. '자녀 됨'은 단순한 관계의 변화가 아니라, 존재의 본질과 삶의 방향을 바꾸는 영적 새 탄생을 의미한다.

Discipleship

◆ 제자도 묵상 3: 하나님의 자녀가 되는 길

1. **말씀이 육신이 되어 우리 가운데 거하셨다.**
   → 제자도는 임재하신 말씀 앞에 마음을 여는 삶이다.

2. **말씀은 보이지 않던 하나님을 드러내었다.**
   → 제자도는 하나님의 성품과 진리를 삶으로 드러내는 증언의 여정이다.

3. **우리는 그 충만함에서 은혜 위에 은혜를 받았다.**
   → 제자도는 충만한 은혜를 기억하며 감사로 살아가는 길이다.

4. **율법은 모세로 말미암았으나, 은혜와 진리는 예수 그리스도로 말미암았다.**
   → 제자도는 규범이 아니라 은혜 안에서 순종하는 길이다.

5. **하나님의 독생자는 아버지 품속에 계셨다.**
   → 제자도는 세상보다 아버지의 품을 택하는 삶이다.

6. **그분은 우리에게 하나님의 자녀가 되는 권세를 주셨다.**
   → 제자도는 자녀로 지음받은 책임을 살아가는 성숙이다.

7. **독생하신 하나님이 아버지를 나타내셨다.**
   → 제자도는 말씀으로 하나님을 알고 드러내는 삶이다.

✦ 더 깊이 생각하기

1. 요한은 "말씀이 육신이 되어 우리 가운데 거하시매"라고 선언합니다. 이 구절에서 '육신', '거하다', '영광', '은혜와 진리'라는 단어들이 어떤 흐름으로 연결되어 있나요? 요한이 말하는 '거하다'는 어떤 방식의 임재를 뜻하나요? (출애굽기의 성막 개념과 연결 지어 생각해 보세요.)

_____

_____

_____

2. 요한은 예수님의 영광을 '아버지의 독생자의 영광'이라 부릅니다. 이 영광은 어떤 모습으로 드러났고, 왜 '은혜와 진리'로 표현되었을까요? 모세를 통해 주어진 율법과 예수 그리스도를 통해 온 은혜와 진리는 어떤 차이를 보여 주나요?

_____

_____

_____

3. '은혜 위에 은혜'로 충만한 삶이란 무엇일까요? 나의 삶에서 하나님의 은혜를 가장 깊이 경험했던 순간은 언제였나요? 지금 그 은혜와 진리를 누리는 삶을 살고 있는지, 아니면 율법적인 기준에 묶여 살고 있지는 않은지, 함께 나누어 보세요.

_____

_____

_____

4장

예수님은 드러내고, 자신은 감추는 삶

요한복음은 예수 그리스도의 정체를 '드러내는' 계시의 복음서이지만, 그 드러냄은 언제나 베일에 싸인 '감추심' 속에서 이루어진다. 이 장면은 요한복음에서 공생애의 서막을 여는 첫 육성 장면이자, 제자도에 대한 깊은 서사를 시작하는 자리이기도 하다. 그러나 그 시작은 의외로 '자기 부인'이다. 세례 요한은 "나는 아니다"를 반복하여 고백하는데, 이는 단순한 겸손이 아니라 요한복음이 펼쳐 갈 제자도의 문을 여는 선언이다. 자신을 부인함으로 오직 예수 그리스도만을 증언하는 요한은 드러남보다 감춤을 택하며 예수님의 길을 예비한다.

요한의 이 선언은 요단강 저편, 베다니 광야에서 울려 퍼졌다. 세상 권력의 중심 예루살렘 가까이에 있으면서도 가장 주목받지 못한 외진 들판에서 하나님의 길이 열리고 있었다. 요한복음은 인간의 정체성을 묻는 세상의 질문에 대하여 예수님의 오심을 드러내는 제자의 대답으로 시작된다. 이것은 요한복음이 제자도에 대해 말하고자 하는 가장 핵심적인 메시지와도 연결된다. 제자는 예수님을 드러내기 위해 자신을 감추는 자다.

"나는 아니다": 증언자의 정체성

요 1:19-23 19 유대인들이 예루살렘에서 제사장들과 레위인들을 요한에게 보내어 네가 누구냐 물을 때에 요한의 증언이 이러하니라 20 요한이 드러내어 말하고 숨기지 아니하니 드러내어 하는 말이 나는 그리스도가 아니라 한대 21 또 묻되 그러면 누구냐 네가 엘리야냐 이르되 나는 아니라 또 묻되 네가 그 선지자냐 대답하되 아니라 22 또 말하되 누구냐 우리를 보낸 이들에게 대답하게 하라 너는 네게 대하여 무엇이라 하느냐 23 이르되 나는 선지자 이사야의 말과 같이 주의 길을 곧게 하라고 광야에서 외치는 자의 소리로라 하니라

"너는 누구냐?"라는 질문의 시험

제사장들과 레위인들이 예루살렘에서 파견되어 광야에 있는 세례 요한을 찾아왔다. 요한복음의 서사가 시작되며 첫 문장이 이렇게 들려온다. "요한의 증언이 이러하니라." 이는 예수님에 대한 첫 증언이며, 동시에 제자도의 원형을 보여 주는 장면이다.

그들이 세례 요한에게 던진 질문은 단순하지 않다. "네가 누구냐"는 질문은 우리 인생에 필연적으로 마주치는 거울이다. 세상은 끊임없이 나에게 "너는 누구냐"라고 묻는다. 자신만의 인생을 살라는 암시와 명령, 자기를 실현하라는 메시지, 자기를 브랜딩하라는 압박이 우리를 지배한다. 그러나 자기를 알라는 요청은 때로 가장 정교한 미혹일 수 있다. 예수님을 시험하던 자도 이렇게 유혹했다.

◇ "이 돌들로 떡이 되게 하라." - 자기 육신을 위하여

◇ "성전 꼭대기에서 뛰어내리라." - 자기 능력을 위하여

◇ "내게 절하라. 세상 모든 영광을 주겠다." - 자기 명예를 위하여

요한은 자신이 그리스도가 아님을 "드러내어 말하고 숨기지 아니하니 드러내어 하는 말이"라고 진술한다. 헬라어 원문은 마치 세 번의 진술이 겹치는 것처럼 반복되었다. "confessed and did not deny and confessed." 이 반복은 "나는 아니다"라는 진술이 단지 부정이 아니라, 강력한 신앙 고백임을 드러낸다. 그러나 이 고백은 자기 과시가 아니다. 오히려 그는 "나는 그리스도가 아니다"라고 증언한다.

요한복음은 예수님에 대한 계시의 여정을 시작하며 가장 먼저 "증언"(마르튀리아 μαρτυρία)이라는 단어를 등장시킨다.[18] 세례 요한의 사명

---

18 '증언'의 헬라어 '마르튀리아'(μαρτυρία)는 요한복음 전체의 핵심 키워드 중 하나로 총 33회 등장하며, 특히 세례 요한(요 1:7, 19, 32, 34 등)의 사역뿐 아니라 예수님 자신의 정체

은 이 단어로 요약된다. 그는 "보내심을 받은 자"(요 1:6)이자 "증언하러 온 자"(요 1:7)였다. 이 증언은 자신을 세우는 일이 아니라, 예수님을 드러내기 위해 자기를 내려놓는 것이다.

부정으로 시작하는 정체성의 고백

요한은 자신의 정체성을 "그리스도도 아니요, 엘리야도 아니요, 그 선지자도 아니다"라고 말한다. 세상은 요한을 기존의 카테고리에 끼워 맞추려 한다. 대중의 기대는 그를 메시아로, 혹은 엘리야와 같은 선지자의 계보로 해석하고자 했다. 그러나 그는 그 모든 질문에 대해 "나는 아니다"라고만 대답한다. 이 부정은 소극적 방어가 아니라 능동적 고백이다. 그는 자기 증명보다 자기 부정을 통해 자신을 드러냈다. 이는 요한복음 8장 53-54절에서 예수님이 자신을 스스로 영화롭게 하지 아니하시고 오직 하나님만 영화롭게 하신다고 말씀하시는 장면과 겹친다.

제자는 자기 부정으로부터 출발해야 한다. 세례 요한은 그리스도의 오심을 위해 철저히 '자기 자리'를 지켰다. 그는 말씀을 드러내는 자였다.

성(요 5:31 – 39), 성령의 역할(요 15:26), 제자들의 사명(요 21:24)과도 깊이 연결되어 있다.

나는 소리일 뿐이다

결국 세례 요한은 말한다. "나는 선지자 이사야의 말과 같이 주의 길을 곧게 하라고 광야에서 외치는 자의 소리로라." 여기서 요한은 자신의 존재를 어떤 역할이나 명칭으로 규정하지 않았다. 그는 단지 '소리'일 뿐이다. 메시지를 가지는 자가 아니라, 메시지를 울리는 자다. '광야'라는 공간은 인간의 허기와 곤고, 자기 확신이 무너지는 자리다. 그곳에서 울려 퍼지는 "주의 길을 곧게 하라"는 외침은 이스라엘의 회복과 더불어 모든 길이 예수님께로 이어져야 함을 말한다.

요한의 제자도는 여기서 시작된다. 그는 자기를 감추되 진리를 외친다. 그는 메시지가 아니되, 메시지를 준비한다. 그는 사람을 끌어당기지 않지만 사람들을 주께로 이끈다. 그 충만함을 날마다 마시는 사람이다. 진정한 제자는 영광을 '보고' 영광 안에 '거하는' 사람이다.

드러내지 않음으로 드러낸다

요 1:24-28   24 그들은 바리새인들이 보낸 자라 25 또 물어 이르되 네가 만일 그리스도도 아니요 엘리야도 아니요 그 선지자도 아닐진대 어찌하여 세례를 베푸느냐 26 요한이 대답하되 나는 물로 세례를 베풀거니와 너희 가운데 너희가 알지 못하는 한 사람이 섰으니 27 곧 내 뒤에 오시는 그이라 나는 그의 신발 끈을 풀기도 감당하지 못하

겠노라 하더라 28 이 일은 요한이 세례 베풀던 곳 요단강 건너편 베다니에서 일어난 일이니라

보내심을 따라 사는 사람

세례 요한을 찾아온 이들은 바리새인들로 구성된 또 다른 무리였다. 본문은 그들을 가리켜 "바리새인들이 보낸 자"라 밝힌다. 그들이 '보냄을 받은 자들'이라는 사실이 벌써 세 번이나 언급되고 있다(요 1:19, 22 참고). 놀랍게도 이 장면은 하나님께로부터 보내심을 받은 요한(요 1:6)이 사람들로부터 보냄을 받은 바리새인의 사자들에게 추궁을 받는 모습이다. 이 유사한 정체성의 대결 장면은 제자도의 본질을 조명한다.

하나님의 부르심과 보내심을 따라 사는 사람은 언제나 세상의 보냄을 받은 자들과 영적 전장에 서게 된다. 요한은 지금, 그 치열한 경계선에서 자기의 정체성과 사명의 본질을 말해야 하는 순간을 맞고 있다. 그들은 단순한 호기심에서 질문을 던진 게 아니다. "당신이 그리스도도 아니고 엘리야도 아니며 그 선지자도 아닌데, 어찌하여 세례를 베푸느냐?" 이는 요한의 사역, 곧 '권위'를 겨냥한 심문이었다.

예루살렘 종교 체계 안에서는 성전과 제사, 정결례가 거룩함의 경계를 규정하는 도구였다. 그런데 요한은 성전 밖 광야에서, 제사장이 아닌 자로서 대중에게 세례를 베풀고 있다. 그것은 기존 체계의 정결 질서를 흔드는 사건이었다. 그들에게 요한은 설명할 수 없는 사람이

었고, 그래서 그들의 '질문'은 실상 '정죄'였다. 그러나 요한은 그 정죄에 반박하거나 해명하지 않는다. 오히려 자신이 하는 일의 본질을 밝힌다.

자기의 사명을 아는 제자

요한은 말한다. "나는 물로 세례를 베풀거니와." 이 문장은 그의 사역의 '한계'를 말하는 동시에, '기다림'을 이야기한다. 요한의 세례는 준비하는 세례였다. 그것은 속죄의 효력을 담은 세례가 아니라, 마음의 회개를 위한 세례였다(막 1:4 참고). 그는 자신이 수행하는 사역이 완성이 아니라 전환을 위한 과정임을 알고 있었다. 그는 곧장 말한다. "너희 가운데 너희가 알지 못하는 한 사람이 섰으니." 이 구절은 깊은 긴장감을 품는다. "그분은 이미 '서 계신다.'[19] 그러나 너희는 '알지 못한다.'" 이것은 요한복음 전체를 가로지르는 '임재하심과 감추심'의 역설을 압축한 표현이다.

자기를 낮춤으로 그분을 드러냄

요한은 이어서 말한다. "내 뒤에 오시는 그이라 나는 그의 신발 끈

---

19 '서 있다'(헤스테켄 ἕστηκεν)는 헬라어 동사 '히스테미'(ἵστημι)의 완료형으로, 예수님이 이미 현존하고 계시며 지속적으로 그 자리에 계심을 강조하는 표현이다. 요한복음은 이와 같은 시제를 통해 '이미 와 계신 메시아'의 감춰진 임재를 강하게 암시한다(요 1:26, 7:28, 9:9 참고).

요한의 제자도

을 풀기도 감당하지 못하겠노라." 이 고백은 단순한 겸손의 표현이 아니다. 랍비는 제자일지라도 선생의 신발 끈 푸는 일은 시키지 않았다. 그것은 오직 종이 하는 일이었다. 요한은 지금, 자신이 그리스도 앞에 서는 종보다 더 낮은 자라고 고백한 것이다.

그는 "나를 따르라"고 말하지 않는다. "그분을 바라보라"고만 말한다. 제자는 자기 존재를 낮춤으로써 그분의 임재를 드러낸다. 요한의 증언은 소리 없는 외침이다. "나는 아니다. 나는 아니다. 나는 그분을 감당할 수 없다." 이 반복은 한 사람의 정체성을 지우는 것이 아니라, 예수님을 드러내는 증언의 방식이 된다.

가장 낮은 곳에서 시작된 일

본문은 마지막에 이렇게 덧붙였다. "이 일은 요한이 세례 베풀던 곳 요단강 건너편 베다니에서 일어난 일이니라." '요단강 건너편 베다니'는 지리적으로는 예루살렘 가까이에 있지만, 권력 중심부에서는 가장 멀리 떨어진 곳이다. 그러나 가장 낮고 외진 이 광야에서 그분의 길은 준비되고 있었다. 세상은 예루살렘을 주목하지만, 하나님은 베다니를 사용하신다. 세상은 자기를 높이며 권위를 세우지만, 하늘의 권위는 자기를 감추며 드러난다.

하나님의 역사는 언제나 낮은 자리에서 시작되었다. 궁정이 아니라 광야에서, 성전이 아니라 들판에서, 베들레헴의 마구간에서, 요단강의 먼 변두리에서. 그리고 지금도 가장 낮은 곳에서 시작되고 있다.

◆ 제자도 묵상 4 : 나는 아니다. 그분을 드러내는 길

1. 요한은 "나는 아니다"라고 고백하며, 자기 자신을 철저히 감추었다.
   → 제자도는 자신을 부인함으로 예수 그리스도를 드러내는 삶이다.

2. 요한은 "나는 외치는 자의 소리"라고 말했다.
   → 제자는 자기를 지우고, 예수님의 길을 준비하는 '소리'로 살아간다.

3. 종교 권력은 "네가 누구냐?" 물었지만, 요한은 신분이 아닌 소명으로 답했다.
   → 제자도는 자격이 아니라 하나님이 맡기신 소명을 사는 삶이다.

4. 요한은 자기에게 보인 시선을 끝내 예수님께로 돌렸다.
   → 제자도는 빛이신 그분을 가리키는 삶이다.

5. 바리새인이 보낸 자들은 하나님이 보내신 세례 요한의 사명을 흔들려 했다.
   → 제자도는 세상 속에서도 보냄 받은 정체성을 지키는 길이다.

6. 요한은 자신을 감추면서도 사명의 의미를 분명히 했다.
   → 제자도는 자신을 낮출수록 사명이 더욱 선명해지는 길이다.

7. 요한은 "너희가 알지 못하는 이가 너희 가운데 계신다"고 선포했다.
   → 제자도는 감추어진 주님의 임재를 드러내며, 주님을 알아보게 하는 삶이다.

1. 세례 요한은 자신에 대해 "나는 그리스도가 아니다", "나는 아니다", "나는 외치
   는 자의 소리다"라고 반복해서 말합니다. 본문에 요한이 사용한 "나는 아니다"
   라는 표현이 몇 번 등장하나요? 요한은 어떤 질문을 받고, 어떤 방식으로 대답
   하나요?

   _____

   _____

   _____

2. 세례 요한은 자신을 "광야에서 외치는 자의 소리"로 정체화합니다. '소리'라는
   표현은 어떤 신학적 상징을 담고 있을까요? 요한이 자신을 부정하면서 오히려
   예수님을 드러내는 이 방식은 제자도의 어떤 본질을 보여 주나요?

   _____

   _____

   _____

3. 나는 언제, 어떤 상황에서 나 자신을 지나치게 드러내고자 하는 유혹을 느끼나
   요? 혹시 내 사역, 직장, 관계 속에서 "나는 아니다"라고 할 자리에 "내가 주인
   이다" 하며 서 있지는 않나요? 내가 감추어져야 할 자리와 예수님을 드러내야
   할 자리는 어디인가요?

   _____

   _____

   _____

5장

참 제자는 누구인가

요한복음은 예수님의 정체를 점진적으로 드러내는 계시의 여정이다. 그러나 그 계시는 언제나 명료한 선언보다 증언과 상징, 오해와 수용 사이에서 펼쳐진다. 그리고 이 계시의 흐름은 본문에서 결정적 전환점을 맞이한다. 세례 요한은 더 이상 "나는 아니다"라며 자신을 감추는 자리에만 머물지 않는다. 그는 예수님을 향해 외친다. "보라 세상 죄를 지고 가는 하나님의 어린양이로다"(요 1:29).

이는 단순한 별명이 아니다. 구약의 유월절 양, 매일의 속죄 제물, 이사야의 고난받는 종이 응축된 메시아적 선언이다. 예수님은 이제 자기 백성의 죄를 대신하여 죽으실 분, 속죄의 중심이며 성령으로 세례를 베푸실 이로 나타난다. 그리고 세례 요한은 자신이 본 것을 증언한다. 성령이 임하시는 광경, 예수님을 통한 하나님의 구속 계획의 성취, 그리고 자신이 비로소 알게 된 진실이 그것이다. "나는 알지 못하였으나, 나는 보았고, 증언하노라."

이 장은 요한복음이 펼쳐 내는 복음의 정수이자, 제자도에 대한 결정적 호명이다. 제자는 누구인가? 어린양을 바라보는 자이며, 본 것을 증언하는 자다. 그리고 무엇보다, 예수님의 죽음을 알고 시작하는 자다.

보는 자, 본 것을 외치는 자

> 요 1:29 이튿날 요한이 예수께서 자기에게 나아오심을 보고 이르되 보라 세상 죄를 지고 가는 하나님의 어린양이로다

보았다 그리고 보라

"이튿날 요한이 예수께서 자기에게 나아오심을 보고 이르되." 이 본문에는 두 개의 동사가 대조적으로 등장한다. 먼저, 요한이 예수께서 자기에게 나아오심을 '보고'라는 말은 헬라어 '블레페이'(βλέπει)로, 단순히 시각적으로 인식한다는 의미다. 그러나 이어지는 '보라!'는 '이데'(ἴδε)로,[20] 감탄사로 사용된 강조의 명령이다. 단순한 시선이 아니

---

20 '이데'(ἴδε, ide)는 동사 '에이돈'(εἶδον)에서 파생된 감탄사이며, 히브리어 성경의 '힌네'(hinneh, 보라)와도 유사한 용례로, 내러티브 중 강조와 주목의 외침으로 사용된다. 단순한 시각이 아닌 해석을 동반한 인식 행위로 기능한다.

라 해석적 통찰을 동반한 영적 외침이다(고후 6:2 참고).

　요한은 예수께서 다가오시는 모습을 보았고, 그 본 것을 회중에게 선포했다. 여기에서 우리는 제자도의 시작이 '본 자'가 '외치는 자'가 되는 여정임을 깨닫는다. 본 자만이 말할 수 있고, 본 만큼 증언할 수 있다. 요한이 본 것은 단지 지나가는 한 남자의 모습이 아니라, 그분을 해석한 "하나님의 어린양"이었다. 진정한 제자는 보는 자이며, 본 것을 외치는 자다. 예배는 예수 그리스도를 보는 사건이며, 제자도는 본 분을 드러내는 사역이다.

보라! 세상 죄를 지고 가는 그분을

　"보라 세상 죄를 지고 가는 하나님의 어린양이로다." 이 구절은 요한복음 전체에서 가장 강력한 기독론적 선언 중 하나다. 먼저, '세상 죄'는 단순히 개인의 도덕적 실패를 의미하지 않는다. 그것은 하나님 없이 스스로 질서를 구성하고 살아가려는 모든 인류적 체계(코스모스 κόσμος)를 아우른다. 요한은 이 모든 구조적 타락과 인격적 소외, 영적 단절을 '세상 죄'라 명명한다.[21]

　이 죄를 "지고 가는"이라는 표현은 헬라어 '아이론'(αἴρων)에서 왔으며, 현재형이다. '지고 갈'이 아니라, 지금 '지고 가는' 것이다.[22] 아직

21　요한복음에서 '코스모스'(κόσμος, 세상)는 중립적 피조 세계를 넘어, 하나님을 거부하고 자신을 중심으로 구성된 인류 전체를 의미한다(요 3:19, 16:33 참고).

22　'아이론'(αἴρων)은 '들어올리다', '지다', '없애다'의 의미를 가진 동사 '아이로'(αἴρω)의 현

십자가 사건은 이루어지지 않았지만, 요한은 예수님의 사명을 현재의 사건으로 선포한다. 하나님의 구원은 과거의 약속이 아니라, 지금 여기에 임하는 은혜다. 그래서 우리는 매 순간 그 은혜에 응답해야 한다. 예배는 '지금 여기'에서 이루어지는 구원 사건이다.

하나님의 어린양

'하나님의 어린양'이라는 표현은 구약의 여러 이미지를 통합하는 깊은 신학적 언어다. 첫째, 그것은 유월절의 어린 양을 연상시킨다. 흠 없고 일 년 된 숫양을 14일간 간직하였다가 해 질 무렵 죽여, 그 피를 문설주와 인방에 바르던 그 사건 말이다(출 12:5-7). 그 양은 죽음을 막아 내는 피를 상징했고, 하나님의 심판을 넘어서는 대속의 표징이었다.

요한은 예수님을 보며 출애굽기의 그 양을 떠올렸다. 요한복음 저자 또한 이 동일한 인식을 따라 예수님의 죽음을 유월절 어린 양의 죽음과 병렬시키며, 요한복음 19장에서 해 질 무렵 다리가 꺾이지 않은 채 죽으신 예수님을 기록한다(요 19:33; 출 12:46 참고).

예수님은 단순히 사람들의 죄를 용서해 주시는 존재가 아니라, 새 출애굽을 이루시는 하나님의 희생 제물로 오신 분이다. 이 어린양은 한 민족만이 아니라 '세상'을 위해 죽으시는 하나님의 어린양이다.

재분사형으로, 예수님의 사역이 단지 과거형이 아닌 현재진행형임을 보여 준다. 구원은 언제나 현재 시제에서 이루어진다.

제자에게는 '이해'가 아니라 '순종'이 요구된다

요 1:30-31 30 내가 전에 말하기를 내 뒤에 오는 사람이 있는데 나보다 앞선 것은 그가 나보다 먼저 계심이라 한 것이 이 사람을 가리킴이라 31 나도 그를 알지 못하였으나 내가 와서 물로 세례를 베푸는 것은 그를 이스라엘에 나타내려 함이라 하니라

내 뒤에 오시지만 나보다 앞서신 분

요한은 반복하여 예수님을 "내 뒤에 오는 사람"이라고 부른다. 그러나 곧바로 "나보다 앞선 것은 그가 나보다 먼저 계심이라"고 덧붙인다. 이는 단순한 겸손의 표현이 아니다. 시간상으로는 나중에 등장했지만 본질상으로는 앞서 계신 분, 곧 말씀의 선재성과 신적 존재성을 고백하는 신앙의 선언이다. 앞서 요한은 두 번이나 같은 고백을 반복했다(요 1:15, 27).[23]

이것이 보내심의 본질적 의미다. 보내심을 받은 자는 자신이 앞이 아니라는 것을 안다. 보내신 분이 '뒤에' 오시지만, 실제로는 '앞에' 계시는 분이다. 그렇기에 보내심을 받은 자는 그분을 위한 증언자로 먼저 나아가야 한다. 증언은 먼저 말하는 것이다. 나타나기 전에 고백하고, 드러나기 전에 외치는 것이다. 주님이 오시기 전에, 주님이 누구

---

23 "내 뒤에 오시는 이가 나보다 앞선 것은 나보다 먼저 계심이라"(요 1:15). "내 뒤에 오시는 그이라 나는 그의 신발 끈을 풀기도 감당하지 못하겠노라"(요 1:27).

신지 선포하는 것이 제자가 할 일이다. 제자는 자기보다 앞서 계신 그분을 드러내기 위해 먼저 걷는다. 그는 자신이 결코 주인공이 아님을 안다.

보내셨기에 순종한다

세례 요한은 놀라운 말을 한다. "나도 그를 알지 못하였으나." 요한은 예수님과 육신의 친족이었고, 이미 그분이 누구신지를 직감했을지도 모른다. 그러나 그는 "나는 그를 몰랐다"고 말한다. 이 고백은 요한의 무지가 아니라, 하나님의 계시 없이는 누구도 그리스도를 알 수 없다는 복음의 본질을 보여 준다. 예수님은 피상적 지식이나 종교적 전통으로는 알 수 없다. 오직 하나님이 보여 주실 때 비로소 드러나신다.

그럼에도 요한은 사명을 멈추지 않았다. 그는 물로 세례를 베풀었다. 알지 못해도 할 수 있다. 충분히 이해하지 못해도 순종할 수 있다. 세례 요한은 자신의 사역을 완전히 깨닫기 전에도 계속 세례를 주었다. 그의 기준은 '이해'가 아니라 '순종'이었다. 그는 보내심을 받았기에, 아직 보이지 않는 메시아를 위해 길을 준비했다. 이것이 제자의 태도다.

실로암으로 향하던 맹인도 아직 눈을 뜨지 못했지만 예수님의 말씀을 따라 보내심을 받은 그 길을 걷고 있었다. '실로암'이란 '보냄을 받았다'는 뜻이다(요 9:7). 제자도는 다 알기 때문에 가는 길이 아니라, 보내셨기 때문에 걷는 길이다.

감춰진 그분을 드러내는 일

요한은 세례의 목적을 이렇게 요약한다. "내가 와서 물로 세례를 베푸는 것은 그를 이스라엘에 나타내려 함이라." 자신이 몰랐던 분이 이제 드러날 시간이다. 그리고 그 드러남이 자신의 사역을 통해 이루어지고 있음을 고백한다. 요한의 세례는 그리스도를 드러내는 도구였다. 물로 세례를 베푸는 그의 행위는 생명으로 오시는 예수님을 공적으로 드러내는 사역이었다.[24]

제자는 예수 그리스도를 나타내기 위해 보내심을 받은 자다. 내가 하는 모든 말, 섬김, 행위, 관계는 예수 그리스도를 '이스라엘에 나타내려는' 행위가 되어야 한다. 오늘 우리가 행하는 물세례, 말씀의 선포, 사랑의 실천은 모두 감춰진 예수님을 드러내는 증언이다. 예수님이 누구신지를 모르는 세상에서 그분을 나타내는 등불이 되는 삶, 이것이 제자도의 본질이다.

---

24 '나타내다'(파네로오 φανερωθῇ)는 '드러내다, 계시하다, 보이게 하다'라는 뜻을 가진 동사로, 단순한 공개를 넘어 숨겨진 것이 계시로 드러남을 뜻한다. 공관복음에서는 단 1회(막 4:22)만 등장하는 이 단어는 요한복음에서 9회 등장하며, 특별히 예수님의 정체성과 사역, 부활의 실재를 드러낼 때 사용된다(예: 요 2:11, 7:4, 9:3, 17:6 등). 따라서 요한의 사역은 단순한 세례 의식 행위가 아니라, 계시의 도구로서 메시아를 공적으로 드러내는 선포적 증언임을 드러낸다.

제자는 무엇을 위해 사는가

요 1:32-34 32 요한이 또 증언하여 이르되 내가 보매 성령이 비둘기같이 하늘로부터 내려와서 그의 위에 머물렀더라 33 나도 그를 알지 못하였으나 나를 보내어 물로 세례를 베풀라 하신 그이가 나에게 말씀하시되 성령이 내려서 누구 위에든지 머무는 것을 보거든 그가 곧 성령으로 세례를 베푸는 이인 줄 알라 하셨기에 34 내가 보고 그가 하나님의 아들이심을 증언하였노라 하니라

성령이 머무시는 이를 보라

세례 요한은 말한다. "내가 보매." 그의 눈앞에 펼쳐진 것은 단지 물 속에서 올라오는 한 남자의 모습이 아니었다. 하늘이 열리고, 성령이 비둘기같이 하늘로부터 내려와 그 위에 '머무시는'(메네이 μενεῖ) 놀라운 장면이었다.[25] 이 머무심은 일시적인 강림이 아니라, 성령의 내재화된 임재를 뜻한다. 이것은 요한복음 성령론의 첫 메시지다.

예수님은 성령의 세례를 받는 분이 아니라, 성령을 머금고 세례를 베푸시는 분으로 나타난다. 이제부터 예수님은 성령으로 세례를 베푸시는 이로서, 새 창조와 거듭남의 사역자, 곧 하나님의 생명을 사람들

---

25 '머무셨다'(메네이 μενεῖ)는 요한복음의 핵심 동사로, 단순한 체류가 아니라 항상적 연합을 뜻한다. 성령이 예수님 위에 머무신다는 것은 예수님이 성령의 임재를 계속 지니신 분이며, 이후 "내 안에 거하라"(요 15:4)라는 제자도적 연합 개념과 연결된다.

에게 부어 주시는 유일한 통로가 되신다. 요한이 본 것은 단지 초자연적 광경이 아니라, 하나님의 새 시대가 시작되었다는 영적 계시였다.

성령의 임재라는 표지

세례 요한은 이어 말한다. "나는 그를 알지 못하였다. 그러나 나를 보내신 이가 말씀하시기를…." 이것은 놀라운 고백이다. 요한은 충분히 알지 못한 상태에서도 보내심을 받은 자로서 순종하고 사역을 감당했다는 뜻이다. 깨달았기 때문에 순종한 것이 아니라, 하나님의 말씀을 따라 선제적으로 순종한 것이다. 이것이 진정한 제자도다.

성부는 요한에게 성령의 임재라는 표지(sign)를 통해 예수님이 메시아이심을 알게 하겠다고 말씀하셨다. "성령이 내려서 누구 위에든지 머무는 것을 보거든 그가 곧 성령으로 세례를 베푸는 이인 줄 알라." 이 장면은 성령론적으로 매우 중요한 의미를 지닌다.

◇ 성부의 '명령'은 사명의 기준이다.
◇ 성령의 '머무심'은 성자의 권위를 드러낸다.
◇ 요한의 '봄'은 증언자의 사명을 완성한다.

요한이 본 것은 예수님의 인간적 인상이 아니라, 성령이 예수님 위에 머무시는 표지였고, 그 표지를 통해 그는 예수님이 하나님의 아들이심을 알게 되었으며, 그 앎은 곧 증언으로 이어졌다.

그가 하나님의 아들이심을 증언하였노라

결국 세례 요한의 고백은 단순한 인간적 신념이 아니라, 성령의 임재를 본 자의 증언이며, 하늘의 계시에 대한 응답이다. "나는 보고(헤오라카 έώρακα), 증언하노라(메마르튀레카 μεμαρτύρηκα)." 이 두 동사는 모두 완료형이다. 단순히 본 것이 아니라 계속해서 그 인식 안에 머무르고, 한 번 증언한 것이 아니라 계속해서 그 고백을 살아 내는 증언자라는 의미다. 여기서 요한복음은 드디어 예수님이 하나님의 아들이심을 선포한다. 이 고백은 사람의 철학이나 추론에서 비롯된 것이 아니다. 하늘이 보여 준 것에 근거한 믿음의 증언이며, 성령을 통해 계시된 복음의 핵심 선언이다.

그리고 이것은 제자의 삶이 무엇인지를 결정적으로 보여 준다. 제자는 자신의 해석이 아니라 계시 위에 서는 사람이다. 제자는 깨달은 자로서가 아니라, 먼저 순종한 자로서 진리를 보게 된다. 그리고 결국 그 모든 삶의 목적은 하나님의 아들을 증언하는 데 있다.

✦ 제자도 묵상 5 : 보라, 하나님의 어린양의 길

1. **요한은 예수께서 자기에게 나아오심을 보고 외쳤다.**
   → 제자도는 내게 다가오신 주님을 먼저 '보고', 그분을 향해 시선을 고정하는 삶이다.

2. **요한은 "보라 세상 죄를 지고 가는 하나님의 어린양이로다"라고 선포했다.**
   → 제자도는 어린양 되신 예수님을 바라보고 증언하는 삶이다.

3. **요한은 '내 뒤에 오시는 이가 나보다 앞서신다'고 고백했다.**
   → 제자도는 나를 내려놓고, 주님의 주권을 인정하는 삶이다.

4. **요한은 "나도 그를 알지 못하였으나"라고 고백했다.**
   → 제자도는 이해와 확신보다 앞서 하나님의 말씀에 순종하며 걷는 길이다.

5. **요한은 성령이 비둘기같이 내려 예수님 위에 머무시는 것을 보았다.**
   → 제자도는 성령의 임재를 인식하고, 그분의 머무심 안에 거하는 삶이다.

6. **요한은 성부의 말씀대로, 성령이 머무시는 이를 메시아로 분별했다.**
   → 제자도는 성령 안에서 예수님을 알아보는 삶이다.

7. **요한은 '나는 보고, 그분이 하나님의 아들이심을 증언하노라'라고 선포했다.**
   → 제자도는 본 것을 담대히 증언하며, 하나님의 아들을 드러내는 삶이다.

1. 세례 요한은 예수님을 보고 "보라 세상 죄를 지고 가는 하나님의 어린양"이라고 말합니다. 세례 요한이 예수님을 소개하는 방식과 순서를 자세히 살펴보세요. 이 소개를 통해 예수님이 어떤 분이시며, 왜 오셨는지를 어떻게 더 깊이 알게 되나요?

_____

_____

_____

2. "어린양"은 구약에서 중요한 상징입니다. 유월절의 희생 제물이자 속죄의 상징이었습니다. 요한이 예수님을 '어린양'이라 부른 것은 그분의 어떤 사역을 예고하나요? '세상 죄를 지고 간다'는 표현은 단순한 용서 이상의 어떤 의미를 지니고 있나요?

_____

_____

_____

3. 나는 예수님이 내 죄를 대신 지셨다는 사실을 얼마만큼 믿고 살아가나요? 아직도 마음에 남아 있는 죄책감이나 부끄러움이 있다면, 그 부분을 예수님께 맡길 수 있나요? 그렇게 믿을 때 내 삶에는 어떤 변화가 일어날까요?

_____

_____

_____

6장

주님이 나를 제자로 부르셨다

요한복음을 따라 우리는 예수 그리스도의 정체성과 사역, 그리고 그분을 통해 드러나는 복음의 본질을 차례로 살펴보고 있다. 앞선 다섯 장에서는 '말씀으로 오신 하나님'과 '세상 죄를 지신 하나님의 어린양'을 통해 복음이 어떻게 현실 속에 임하는지를 목격했다. 이제 본문은 복음서 전체에서 처음으로 제자들이 예수님을 만나는 장면을 기록하고 있다. 공교롭게도 그 주인공은 훗날 예수님이 공생애 동안 가장 가까이 두셨던 세 사람, 즉 베드로와 야고보와 요한이다.

공관복음이 "나를 따르라"는 주님의 명령으로 제자도를 시작한다면, 요한복음은 훨씬 더 관계적이고 존재적인 만남으로 그 여정을 시작한다. 제자도는 단지 명령에 대한 복종이 아니라, 임재 앞에 서서 묻고, 따르고, 머무는 삶의 방향 전환이다. 본문은 그 여정을 따라가는 구체적인 발자취를 보여 준다. 우리는 여기서 '교회를 다니는 신자'에

요한의 제자도

머물지 않고 '예수 그리스도를 따르는 제자'로 사는 길을 배우게 된다. 그리고 그 모든 시작에는 주님의 부르심이 있다. "무엇을 구하느냐?", "와서 보라."

증언이 초대가 되다

요 1:35-39상   35 또 이튿날 요한이 자기 제자 중 두 사람과 함께 섰다가 36 예수께서 거니심을 보고 말하되 보라 하나님의 어린양이로다 37 두 제자가 그의 말을 듣고 예수를 따르거늘 38 예수께서 돌이켜 그 따르는 것을 보시고 물어 이르시되 무엇을 구하느냐 이르되 랍비여 어디 계시오니이까 하니 (랍비는 번역하면 선생이라) 39 예수께서 이르시되 와서 보라

"보라"의 외침이 흘러가다

요한복음은 '이튿날'이라는 시간표를 따라 예수님을 향한 계시의 흐름을 점진적으로 보여 준다. 세례 요한의 입에서 "보라… 하나님의 어린양"이라는 선언이 울린 다음 날, 그 외침을 들은 두 제자가 조용히 일어나서 예수님을 따른다. 세례 요한의 사역이 끝나고, 예수님의 여정이 시작되는 경계선이다. 그 경계에서 복음의 원리가 드러난다. 보는 자가 따르는 자로 변화되는 것, "보라"의 외침이 "와서 보라"의

초대가 된다.

세례 요한은 여전히 자기 자리에 서 있지만, 그의 시선은 자기 자신이 아니라 다가오시는 예수님께 고정되어 있다. "예수께서 거니심을 보고 말하되 보라 하나님의 어린양이로다." 세례 요한의 존재 목적은 언제나 한결같다. 그는 빛이 아니며, 다만 빛을 증언하는 자다(요 1:8). 하지만 그의 증언은 이제 새로운 단계로 들어간다. 그의 말을 들은 두 제자가 예수님을 따른다(요 1:37). 세례 요한의 사명은 제자를 붙드는 것이 아니라, 그들이 예수님을 바라보도록 보내는 일이었다.

참된 증언은 사람을 자기에게 묶지 않고, 그리스도께로 흘려보내는 통로가 된다. 그래서 세례 요한의 사역은 제자를 잃는 순간 완성된다. 그의 외침이 그들의 발걸음을 바꾸었다.[26]

"무엇을 구하느냐", 존재를 향한 첫 물음

예수님은 돌이켜 그들이 따르는 것을 보고 말씀하신다. "무엇을 구하느냐" 요한복음에 기록된 예수님의 첫 질문이며, 제자도의 길을 여는 첫 음성이다. 이 물음은 행위를 묻지 않는다. "무엇을 하느냐"가 아니라, "무엇을 구하느냐"다. 신앙의 본질은 행동보다 방향에 있다. 우리가 어디를 향해 걷는가보다 무엇을 간절히 바라고 있는가가 우리

---

26 요한복음에서 '증언하다'(마르튀레오 μαρτυρέω)는 단순한 '진술'이 아니라, 자기 자신을 비워 타자를 드러내는 '케노시스적 증언'(kenotic witness)의 의미를 지닌다. 세례 요한은 자기 자리를 비움으로써 그리스도를 드러내는 첫 제자의 전형이 된다(요 3:30; 빌 2:7 참고).

의 존재를 규정한다. 예수님은 그들의 발걸음보다 마음의 중심을 보신다. 그 질문 안에 이미 제자도의 모든 과정이 내포되어 있다. 그것은 "너는 무엇을 보고 싶은가?"이며, "너는 나에게서 무엇을 찾고 있느냐?"라는 부르심의 변주다.[27]

"와서 보라", 관계로 초대하시는 주님

두 제자는 묻는다. "랍비여 어디 계시오니이까" 이 질문은 단순히 예수님의 거처를 찾는 말이 아니다. 그들은 '어디에 계신지'보다 '어디에 머무시는지'를 알고 싶어 했다. 이미 그들의 내면에는 '함께 머물고자 하는 갈망'이 있었던 것이다. 예수님의 대답은 단순하지만 결정적이다. "와서 보라."[28] 이것은 현재 명령형으로, "한 번 와 보라"가 아니라 "계속 와서 보라"는 의미다. 이 초대는 일시적 방문이 아니라, 계속 동행하자는 부르심이다. 세례 요한의 "보라"가 계시의 외침이라면, 예수님의 "와서 보라"는 관계로의 초대다. 보는 자가 머무는 자로, 증언이 동행으로 변하는 순간이다.

---

27 "무엇을 구하느냐"(티 제테이테 τί ζητεῖτε)는 요한복음 전체를 통틀어 반복되는 신앙의 질문 구조다(요 18:4, 20:15). 요한에게 '제테오'(ζητέω, 구하다)는 단순한 탐색이 아니라, '관계적 찾음'(relational seeking)을 의미하며, 이 동사는 제자도가 '지식의 탐구'가 아닌 '임재의 추구'임을 보여 준다.

28 "와서 보라"(에르케스데 카이 이데테 Ἔρχεσθε καὶ ἴδετε)라는 헬라어 '에르케스데'(Ἔρχεσθε, 오라)는 '에르코마이'(ἔρχομαι)의 현재 명령형 복수로, 요한복음에서 현재 시제는 행위의 지속성과 반복성을 내포한다. '계속 와서 보라'는 문법 구조는 '제자도의 지속적 동행성'(ongoing discipleship)을 나타낸다(요 11:34, 21:22 참고).

그날, 두 제자는 그분을 향해 발걸음을 옮겼다. 그들의 시선이, 그들 인생의 방향이 바뀌었다. 세례 요한의 증언이 멈춘 자리에 예수님의 음성이 들렸다. 그 부르심 속에서 제자의 길이 열린 것이다. 그렇게 세례 요한의 외침은 예수님의 초청으로 이어지고, 이 초청은 새로운 길의 첫걸음이 되었다. 그 길 위에서 제자도의 이야기가 쓰이기 시작한다.

함께 거하는 머무름의 신비

요 1:39하   그러므로 그들이 가서 계신 데를 보고 그날 함께 거하니 때가 열 시쯤 되었더라

"그날 함께 거하니", 시간의 전환

요한복음은 이 짧은 구절 속에 놀라운 시간의 변화를 담아낸다. '그날'은 단지 하루의 날짜가 아니라, 하나님의 때가 시작된 순간이다. '열 시쯤'이라는 세밀한 시간 묘사는 복음서에서 드물게 나타나는 구체적 기록이다. 그것은 단순한 시각 정보가 아니라, 한 사람의 기억 속에 각인된 첫 만남의 생생한 흔적이다. 요한은 제자도의 여정을 '그날'이라 불렀다. 그날, 시간이 변했다. 세상의 시간이 흘러가던 자리에, 영원의 시간이 흘러오기 시작한 것이다.

요한의 제자도

'머물다', 제자도의 존재론적 동사

"그날 함께 거하니." 요한복음에서 '머물다'(메노 μένω)는 단순한 체류를 의미하지 않는다. 그것은 존재의 연합, 관계의 지속, 사랑의 체류를 뜻한다.[29] 요한의 기록에서 '메노'(μένω)는 반복적으로 사용된다. 성령이 예수님 위에 '머무셨다'고 말하고(요 1:32), 예수님은 제자들에게 "내 안에 거하라"(요 15:4)고 말씀하신다. 요한복음의 머무름은 성령의 내주하심에서 제자의 동행으로 확장되는 영적 운동이다. 그들은 예수님의 거처를 단순히 본 것이 아니라, 그분 안에 머무는 법을 배웠다. 그날 그들이 머문 곳은 어느 집이 아니라 임재 한가운데였다. '함께 거했다'는 말은 '그분 안에 거했다'는 고백으로 자라난다.

제자도의 시작은 '따름'이었지만, 그 완성은 '머무름'이다. 보는 자가 걷고, 걷는 자가 머물 때, 비로소 신앙은 생명이 된다.[30]

머무는 자의 영성

머무름은 단순한 지속이 아니다. 그것은 함께 있음의 신학이다. 요한복음의 예수님은 사람들을 가르치시기보다 그들과 함께 식사하고,

---

29 '메노'(μένω)는 '머무르다, 지속하다, 거주하다'의 의미를 가지며, 요한복음에서는 40회 이상 등장한다. 이는 요한이 제자도를 '사건적 경험'이 아니라 '지속적 관계'로 이해했음을 보여 준다(요 15:4-10 참고).

30 제자도의 구조는 '보라-따르라-머물라-증언하라'의 순환이다. 이 흐름은 요한복음의 내러티브 패턴과 일치하며, 각 단계가 성령론적 동사로 확장된다. 보라(아쿠오 ἀκούω)→따르라(아콜루테오 ἀκολουθέω)→머물라(메노 μένω)→증언하라(마르튀레오 μαρτυρέω).

걸으며, 눈물을 흘리신다. 머무는 신앙은 '안다'보다 '함께 있다'에서 자란다. 이때 신앙은 정보가 아니라 친밀함의 관계로 변한다.

우리는 종종 신앙을 성취의 단계로 이해하지만, 요한은 신앙을 머무름의 깊이로 이해한다. '함께 거했다'는 말은 '그분의 말씀을 들었다'보다 '그분의 존재에 젖어들었다'는 뜻이다. 머무름이 깊어질수록, 제자의 내면은 조용히 변한다. 예수님과 함께한 하루의 몇 시간이, 그들의 인생 전체를 바꾸었다. 그날 이후, 그들은 단 한 번도 이전의 삶으로 돌아가지 않았다.[31]

거처, 하나님이 함께 거하시는 삶

"어디 계시오니이까"라는 제자들의 질문은 결국 "어디에 머무십니까?"라는 물음이었다. 그들이 찾던 것은 장소가 아니라 임재의 공간이었다. 요한복음 후반부에서 예수님은 "내 아버지 집에 거할 곳이 많도다"(요 14:2)라고 말씀하신다. 이 말씀은 공간의 약속이 아니라 관계의 약속이다. "거할 곳"은 '하나님이 함께하시는 관계의 자리'다. 제자도의 핵심은 거처를 바꾸는 것이 아니라, 하나님이 거하시는 사람으로 변하는 것이다. 머무는 신앙은 '어디 있느냐'보다 '누구 안에 있느냐'에 집중한다.

---

31 '그날'은 요한복음의 구원사적 시간의 시작이다. 공관복음의 시간은 '언제'에 초점을 맞추지만, 요한복음의 시간은 '누구와 함께 있는가'에 초점을 둔다. 요한에게 '그날'은 단순한 과거가 아니라, 하나님과 동행하기 시작한 날을 상징한다(요 14:20).

그날, 그들은 예수님 안에 거하기 시작했다. 그리고 그 순간, 복음의 길이 열렸다. 그들이 본 것은 한 인물이었지만, 그들이 경험한 것은 하나님이 함께 거하시는 임재의 현실이었다.[32]

머무름에서 증언으로, 만남에서 사명으로

요 1:40-42 40 요한의 말을 듣고 예수를 따르는 두 사람 중의 하나는 시몬 베드로의 형제 안드레라 41 그가 먼저 자기의 형제 시몬을 찾아 말하되 우리가 메시아를 만났다 하고 (메시아는 번역하면 그리스도라) 42 데리고 예수께로 오니 예수께서 보시고 이르시되 네가 요한의 아들 시몬이니 장차 게바라 하리라 하시니라 (게바는 번역하면 베드로라)

안드레, 머무른 자가 전하는 첫 증언

요한복음은 그 이름을 정확히 기록한다. 머무름의 자리에 있던 안드레는 곧바로 일어나 움직인다. 그가 처음 한 일은 자기 형제를 찾아가는 것이었다. "그가 먼저 자기의 형제 시몬을 찾아 말하되 우리가 메시아를 만났다 하고." 머무른 자가 일어나는 순간이다. 그는 듣는

---

32 요한복음의 '거처'(모네 μονή)는 '메노'(μένω)의 명사형으로, '머무름의 장소'이자 '관계의 지속'을 상징한다. 요한복음 14장 23절에서 "우리가 그에게 가서 거처를 그와 함께하리라"라는 말씀은 성령을 통한 삼위 하나님의 공동 거주(indwelling)를 뜻한다.

자가 아니라 말하는 자로 변화되었다. 만남은 언제나 증언을 낳는다. 예수님의 임재에 머문 자는 반드시 그분을 말하게 된다.[33]

안드레의 첫 증언은 단순하고 명료했다. "우리가 메시아를 만났다." 요한복음의 첫 전도, 첫 고백, 첫 복음 선포다. 이 고백에는 이론이나 교리가 없고 오직 '만남'의 확신만 있다. 복음은 경험으로부터 시작된다. 안드레는 예수님과 보낸 하루를 논증하지 않았다. 그는 단지 '그분을 만났다'고 말했다. 복음은 해석이 아니라, 만남의 고백으로 전해진다.

만남이 증언으로 흘러가다

안드레는 시몬을 예수님께 데려왔다. '데려왔다'(에게겐 ἤγαγεν)는 동사 '아고'(ἄγω, 이끌다)의 과거형이다. 요한복음에서 이 동사는 '예수께 인도하다'라는 선교적 동사로 자주 사용된다(요 6:44, 12:32).[34] 제자도의 본질은 '스스로 따름'에서 멈추지 않는다. 그 길은 언제나 다른 사람을 예수께로 이끄는 여정으로 확장된다. 안드레는 특별한 설득이나 설명을 하지 않았다. 그는 형제를 예수께로 데려왔을 뿐이다. 제자

---

33 요한복음에서 '증언하다'(마르튀레오 μαρτυρέω)는 '보았다'(호라오 ὁράω)와 결합되어 등장한다(요 1:34, 3:11, 19:35). 이는 '본 자가 말한다'는 제자도의 원리를 표현하며, 요한의 신학에서 증언은 체험의 산물임을 보여 준다.

34 '아고'(ἄγω, 이끌다)는 요한복음에서 성령의 인도(요 16:13)와 예수님의 선교(요 21:18) 모두에 사용된다. 이 단어는 단순한 이동이 아니라 '관계적 인도'(relational leading)를 의미한다. 요한의 제자도는 늘 '누군가를 예수께 데려오는' 방향으로 흐른다.

도의 성장은 이 단순한 행위 속에 담겨 있다. 머무름은 전도의 뿌리가 되고, 만남은 초대의 문이 된다.

이렇게 안드레의 증언은 복음의 첫 확산이 되었다. 하나의 만남이 또 다른 만남을 낳는다. 머무름이 증언으로, 관계가 사명으로 나아가는 순간이다. 요한복음의 제자도는 교리적 전도가 아니라, 관계적 초대로 완성된다.

이름이 새롭게 되다

예수님이 시몬을 보시고 말씀하신다. "네가 요한의 아들 시몬이니 장차 게바라 하리라." '보시고'(엠블렙사스 ἐμβλέψας)[35]는 '응시하다, 꿰뚫어 보다'라는 뜻이다. 예수님의 시선은 단순한 관찰이 아니라, 존재를 꿰뚫는 인식의 눈이다. 그분의 시선 아래에서 시몬은 새로운 존재로 불린다. 이름이 바뀌었다는 것은 삶의 방향이 다시 쓰였다는 뜻이다. '게바'(Κηφᾶς)는 '반석'이라는 의미의 아람어로, 예수님은 그에게 '새로운 정체성의 약속'을 주셨다. 제자도의 여정은 단지 따름이 아니라, 새로운 이름으로 불림을 받는 변화의 길이다.

요한은 시몬이 이 순간에 무엇을 느꼈는지 기록하지 않는다. 그러나 이 짧은 구절 안에 하나님의 시선이 인간의 역사를 새롭게 하는 사

---

35 '엠블레포'(ἐμβλέπω, 보다)는 요한복음에서 예수님의 깊은 시선을 표현할 때 사용된다(요 1:36, 42, 6:5). 단순한 관찰이 아닌 관계적 인식을 뜻하며, 예수님의 '봄'은 인간의 '존재 규정'을 새롭게 한다.

건이 담겨 있다. 그분의 부르심은 우리의 과거를 묻지 않고, 우리의 미래를 새롭게 부른다. 이것이 제자도의 영광이며, 은혜다.

새로운 이름, 새로운 부르심

이 짧은 만남 속에서 세 가지 변화가 일어났다. 첫째, 보는 방식의 변화다. 요한의 제자들은 예수님을 보았고, 이제 예수님이 그들을 보신다. 둘째, 관계의 변화다. 머무름이 전도로, 만남이 증언으로 이어진다. 셋째, 정체성의 변화다. 시몬은 이제 '게바', 새로운 사명으로 불린다.

이 모든 변화의 중심에는 한 단어가 있다. '만남'이다. 요한복음의 제자도는 지식의 축적이 아니라, 만남을 통한 존재의 변화다. 그분을 만난 사람은 예전 이름으로 살 수 없다. 그분을 본 사람은 예전의 길로 돌아갈 수 없다. 그분 앞에 머문 사람은 결국 그분을 전하게 된다. 그래서 제자도의 여정은 언제나 머무름에서 증언으로, 만남에서 사명으로 흘러간다.

Discipleship

◆ 제자도 묵상 6 : 초대와 머무름의 길

1. 요한은 "하나님의 어린양이로다"라며, 제자들의 시선을 예수께로 돌렸다.
   → 제자도는 자신에게 향한 시선을 예수께로 돌리는 삶이다.

2. 예수께서 따르는 자들에게 "무엇을 구하느냐?"라고 물으셨다.
   → 제자도는 행위보다 방향을 묻는 질문 앞에 서는 삶이다.

3. 두 제자는 "어디 계십니까?" 물었고, 예수님은 "와서 보라"고 초대하셨다.
   → 제자도는 설명보다 초대를 따르는 관계의 여정이다.

4. 그들은 그날 예수님과 함께 머물렀다.
   → 제자도는 주님의 임재 안에 거하며, 그분과 함께 동행하는 삶이다.

5. 안드레는 형제 시몬에게 "우리가 메시아를 만났다"고 고백했다.
   → 제자도는 주님을 만난 체험을 삶으로 고백하는 증언이다.

6. 안드레는 시몬을 예수께 데려왔고, 예수님은 시몬을 "게바"라 부르셨다.
   → 제자도는 누군가를 예수께 인도하며, 새 이름을 얻게 하는 길이다.

7. 예수님의 시선은 과거가 아닌 미래를 향했다.
   → 제자도는 주님의 시선 안에서 새 이름을 받는 존재의 변화다.

1. 세례 요한의 두 제자는 그의 말("보라 하나님의 어린양이로다")을 듣고 예수님을 따릅
니다. 이 장면에서 '보다', '따르다', '머물다'라는 동사가 어떻게 연결되어 나타나
나요? 예수님이 제자들에게 던지신 "무엇을 구하느냐?"라는 질문은 어떤 분위
기에서 나왔으며, 제자들은 어떤 반응을 보였나요?

_____

_____

2. 예수님은 "와서 보라"고 하시며 제자들을 머물게 하십니다. "와서 보라"는 예수
님의 초대는 단순한 방문이 아니라 어떤 제자도적 의미를 내포하나요? 제자들
이 "어디 계시오니이까?"라고 물은 것은 그분의 거처만이 아니라 무엇을 알고
싶어 한 말일까요?

_____

_____

_____

3. 주님의 초대 앞에 주저하거나 유보하고 있는 부분은 무엇인가요? 일상의 어느
부분에서 예수님의 임재 안에 '머무는 삶'을 더 깊이 실천할 수 있을까요?

_____

_____

7장

땅에서 하늘로 예수님의 시선을 따라

요한복음은 첫 장 전체를 통해 예수님의 정체성과 제자도의 시작을 펼쳐 보였다. 말씀으로 오신 하나님, 세상 죄를 지신 어린양, 제자들을 머물게 하시는 주님을 따라 이제 본문은 새로운 두 사람, 빌립과 나다나엘의 부르심으로 이어진다. 빌립은 단순한 명령에 순종했고, 나다나엘은 의심 속에 주님 앞에 나아왔다. 하지만 예수님은 그들의 내면 깊은 곳을 꿰뚫으며 다가오신다. 그리고 그들을 단지 '따르는 자'가 아니라 '하늘을 보게 될 자'로 부르신다.

요한복음은 제자도의 여정이 땅에서 시작되지만, 결국 하늘이 열리는 계시로 연결된다는 것을 보여 준다. 그 하늘은 지금 이 땅에 오신 인자, 예수님의 삶을 통해 우리 앞에 열려 있다. 본문의 말씀을 통해, 우리 또한 예수님의 시선을 따라 하늘을 향해 눈을 들게 될 것이다.

찾아오시는 주님께 발견된 자

요 1:43-44 **43** 이튿날 예수께서 갈릴리로 나가려 하시다가 빌립을 만나 이르시되 나를 따르라 하시니 **44** 빌립은 안드레와 베드로와 한 동네 벳새다 사람이라

예수님이 먼저 찾으셨다

본문은 예수님이 제자 한 사람을 찾으시는 장면이다. 요한복음은 한 사람의 결정이나 상황보다 하나님의 주도적인 간섭과 만남이 제자도의 시작임을 강조한다. 빌립이 예수님을 찾은 것이 아니라, 예수님이 빌립을 찾아가셨다. 제자도는 언제나 주님의 먼저 오심과 발견하심에서 시작된다. 우리가 주님을 찾는 것 같지만, 사실은 언제나 찾아오시는 주님께 발견될 뿐이다.

"나를 따르라"는 능동의 명령

예수님은 빌립에게 단 두 마디를 하신다. "나를 따르라." 짧지만 이 말씀 안에는 삶의 방향 전환, 관계의 재정의, 존재의 재설정이 담겨 있다. 요한복음의 이 부르심은 단지 '어디로 가라'는 지시가 아니라, '누구와 함께 걷느냐'는 동행을 요청하는 말이다. "나를 따르라"(아콜루데이 모이 ἀκολούθει μοι)는 현재 명령형으로, 지속적이고 반복적인 따름의 삶을 뜻한다. 이것은 순간적 결단이 아니라 계속해서 예수님을 따르는

삶의 구조를 세우라는 요청이다. 제자도는 한 번의 헌신이 아니라 삶 전체를 관통하는 지속적 동행의 길이다.

한 사람의 부르심이 공동체로 번지다

"빌립은 안드레와 베드로와 한 동네 벳새다 사람이라." 요한복음은 빌립의 개인적 정체성보다 그가 누구와 연결되어 있었는가에 주목한다. 제자도는 결코 개인주의적 소명으로 끝나지 않는다. 한 사람의 부르심은 늘 관계 속에서 공동체로 흘러간다. 빌립은 홀로 주님을 만났지만, 곧 나다나엘에게 복음을 전한다. 따르는 자는 결국 전하는 자가 된다. 주님의 부르심은 개인의 변화에 그치지 않고, 그를 통해 다른 이의 길까지 여는 생명의 사슬로 확장된다.

제자도는 내가 만난 예수님을 보여 주는 것

요 1:45-46 45 빌립이 나다나엘을 찾아 이르되 모세가 율법에 기록하였고 여러 선지자가 기록한 그이를 우리가 만났으니 요셉의 아들 나사렛 예수니라 46 나다나엘이 이르되 나사렛에서 무슨 선한 것이 날 수 있느냐 빌립이 이르되 와서 보라 하니라

빌립, 머물러 본 자가 전하는 복음

빌립은 예수님과 함께 머물러 본 자로서 증언한다. 그는 예수님을

단지 '사람'으로 소개하지 않고, 율법과 선지자가 증거한 '그이', 곧 메시아라고 고백한다. 그 짧은 만남 속에서 그는 성경과 현실, 믿음과 존재를 연결한 것이다. 빌립의 말은 짧지만 두 겹의 무게를 지닌다. 첫째, "우리가 만났으니." 복음은 만남의 확신에서 나오는 고백이다. 둘째, "요셉의 아들 나사렛 예수." 복음은 현실과 모순처럼 보이는 사실 속에서 증언된다.

이로써 빌립은 성경의 예언과 눈앞의 예수님을 믿음으로 연결한 첫 제자가 되었다. 제자도는 말씀을 알고 설명하는 데서가 아니라, 그 말씀을 살아 있는 인격으로 만나는 데서 시작된다.

나다나엘, 회의 속에 서 있는 자

"나다나엘이 이르되 나사렛에서 무슨 선한 것이 날 수 있느냐." 나다나엘은 회의로 응답했다. 그의 반응은 냉소가 아니라 실망과 상처가 섞인 신앙적 정직함이다. 그는 율법과 예언을 알았고 메시아를 기다렸지만, 그가 알던 지식과 '나사렛 예수'는 도무지 연결되지 않았다. 나사렛은 당시 무명의 촌락, 메시아가 나올 것 같지 않은 영적 주변부였다.[36]

---

36 '나사렛'은 구약에 언급조차 없는 무명의 작은 마을이었다. 유대 종교 전통은 메시아가 다윗의 도시 '베들레헴'에서 활동할 것이라 기대했으나, 예수님은 변두리라 여기던 갈릴리 나사렛에서 성장하셨다. 나다나엘의 반응은 지역 차별이 아니라, 예언과 현실의 간극에서 오는 혼란을 드러낸 것이다.

그는 말씀을 믿었으나 현실은 받아들이기 어려웠다. 나다나엘의 회의는 어쩌면 우리 모두를 반영한다. 기도는 오래 했는데 응답은 너무 작게 느껴질 때, 하나님의 뜻은 아는데 지금의 자리가 초라해 보일 때 우리도 이렇게 묻는다. "여기서 무슨 선한 것이 날 수 있을까?"

제자도는 "와서 보라"에서 시작된다

빌립은 나다나엘의 회의에 "와서 보라"고 했다. 이 말은 예수님이 빌립에게 하셨던 초대의 말씀을 그대로 반복한 것이다. 설명이 아니라 만남으로 이끄는 전도, 논쟁이 아니라 경험으로 연결하는 초대였다. 빌립은 자신이 이해한 것으로 나다나엘을 설득하려 하지 않았고, 자신이 머물러 본 그 자리로 친구를 데려가려 했다. 진짜 복음 전도는 내가 이해한 지식이 아니라 내가 만나 본 예수님을 보여 주는 것이다. 나다나엘은 결국 그 말 앞에서 움직였다. 제자도는 설득으로 시작되지 않는다. "와서 보라"는 초대에 응답하는 한 걸음에서 시작된다.

예수님이 나를 알아보신다

요 1:47-49 47 예수께서 나다나엘이 자기에게 오는 것을 보시고 그를 가리켜 이르시되 보라 이는 참으로 이스라엘 사람이라 그 속에 간사한 것이 없도다 48 나다나엘이 이르되 어떻게 나를 아시나이까 예수께서 대답하여 이르시되 빌립이 너를 부르기 전에 네가 무화과나무 아래에 있을 때에 보았노라 49 나다나엘이 대답하되 랍비여 당신은 하나님의 아들이시요 당신은 이스라엘의 임금이로소이다

마음을 아시는 예수님

예수님은 나다나엘의 겉모습이 아닌 속마음을 보셨다. 그는 의심했고, 회의했고, 날카로운 반응을 보였지만, 예수님은 그의 내면 깊은 진실성과 정직함을 보셨다. '간사함이 없다'는 말은 율법적 외식이나 자기 포장을 하지 않는 영적 투명함을 말한다.[37] 예수님은 사람을 지식이나 반응이 아닌 '마음의 진실'로 평가하신다. 나다나엘은 냉소했지만, 거짓은 없었다. 이것이 예수님이 그를 부르시는 방식이었다. 제자도는 완벽한 자격이 아니라, 정직한 마음에서 시작된다.

알아주심에 놀라는 제자

나다나엘은 반응한다. "어떻게 나를 아시나이까?" 그는 지금껏 스스로 이해받지 못한 자였다. 그의 정직함은 오해를 불렀고, 회의는 냉소로 여겨졌으며, 고요한 기도는 무화과나무 아래의 침묵으로 묻혀 있었다. 그런데 예수님은 그 마음을 먼저 알아주셨다. "빌립이 너를

---

37 '간사한 것이 없다'에서 '간사한 것'(돌로스 δόλος)은 '속임수, 기만'을 뜻하며, 구약의 야곱(창 27:35)의 이름과 연결되는 개념이다. 예수님은 나다나엘을 야곱과 달리 기만 없는 참된 이스라엘 사람으로 선언하신다. 이는 신약 안에서 정체성이 새롭게 드러나는 순간이다.

부르기 전에 네가 무화과나무 아래에 있을 때에 보았노라." 예수님은 나다나엘이 혼자 있는 시간, 말하지 않은 순간, 그 영혼의 자리를 이미 알고 계셨다. 제자도는 하늘의 시선 아래에 있음을 깨닫는 자리에서 시작된다.

하나님의 아들이라는 고백

나다나엘은 즉시 고백했다. "랍비여 당신은 하나님의 아들이시요 당신은 이스라엘의 임금이로소이다." 그는 율법을 알았고 메시아를 기다렸지만, 자신을 아시는 그분의 시선 앞에서 믿음의 눈이 열렸다. 예수님이 누구신지를 가장 먼저 명확히 고백한 인물이 바로 회의하던 나다나엘이다.[38] 진정한 믿음은 논증을 이겨 내는 것이 아니라, 관계 안에서 열리는 눈이다. 예수님은 그를 아셨고, 그는 그 알아주심 안에서 예수님을 보았다. 제자도의 시작은 '주님이 나를 보셨다'는 은혜를 확신하는 데에서 비롯된다.

---

38 "하나님의 아들이시요 이스라엘의 임금"이라는 이중 고백은 메시아에 대한 다윗의 언약적 인식과 신적 정체성 고백을 함께 담고 있다. 이는 요한복음 안에서 신학적 고백과 더불어 다윗의 언약에 기초한 역사적·왕국 메시아 기대를 함께 담아낸 고백이다. 나다나엘은 '의심하던 자'에서 '가장 명확한 고백자'로 전환되었다.

하늘을 본 자는 다르게 살 수밖에 없다

요 1:50-51 50 예수께서 대답하여 이르시되 내가 너를 무화과나무 아래에서 보았다 하므로 믿느냐 이보다 더 큰 일을 보리라 51 또 이르시되 진실로 진실로 너희에게 이르노니 하늘이 열리고 하나님의 사자들이 인자 위에 오르락내리락하는 것을 보리라 하시니라

이보다 더 큰 일을 보리라

예수님은 나다나엘의 고백에 이렇게 응답하신다. "내가 너를 무화과나무 아래에서 보았다 하므로 믿느냐 이보다 더 큰 일을 보리라." 예수님의 알아주심은 시작일 뿐, 제자도는 더 큰 계시와 더 깊은 만남을 향한 여정이다.

"더 큰 일"이란 무엇일까? 더 놀라운 기적이나 더 화려한 표적이 아니다. 예수님이 말씀하신 것은 하늘의 실재가 땅에서 열리는 일, 곧 '인자 위에 천사들이 오르락내리락하는 것'이었다. 이는 하늘과 땅 사이가 예수님 안에서 연결되는 사건을 예고한다. 제자도는 예수님을 따라가는 삶이자 하나님의 세계를 땅 위에서 목격하게 되는 은총의 길이다.

야곱의 사닥다리가 열리다

"진실로 진실로 너희에게 이르노니 하늘이 열리고 하나님의 사자

들이 인자 위에 오르락내리락하는 것을 보리라." 이 장면은 창세기 28장 야곱의 꿈을 배경으로 한다. 야곱이 돌베개를 베고 잠든 그 밤, 꿈을 꾸었다. 사닥다리 하나가 땅에 서 있는데 그 꼭대기가 하늘까지 닿아 있었다. 그리고 하나님의 천사가 그 위에서 오르내렸다. 그곳은 벧엘, '하나님의 집'이었다. 예수님은 이제 그 사닥다리가 자신임을 선언하신다. "인자 위에"라는 말은 예수님이 하늘과 땅을 잇는 유일한 중보자이심을 드러낸다.[39]

나다나엘이 본 '하늘이 열린' 장면은 그의 회의와 고백을 넘어, 예수님 안에서 시작된 새로운 성전, 새로운 계시, 새로운 창조를 암시한다. 제자도는 땅의 현실을 살되, 하늘을 본 자의 삶으로 변화되는 길이다.

하늘을 본 자는 다르게 산다

나다나엘은 무화과나무 아래에서 고요히 기다리던 사람이었다. 그러나 예수님을 통해 그는 자신이 누구인지, 그리고 하늘이 어떻게 열리는지를 보게 되었다. 제자도는 자신의 의심과 한계를 넘어서 하나님 나라의 시선을 받은 자로 이 땅을 살아가는 삶이다. 이제 그는 더 이상 '의심하던 자'가 아니다. 그는 하늘을 본 자로서 새로운 길을 걷기 시작한다. 제자도는 단순히 예수님을 따르는 것이 아니라, 그분

---

39 '인자 위에 천사들이 오르락내리락한다'는 구절은 야곱 이야기(구약)를 예수님 중심(신약)으로 재해석하는 본문이다. 예수님 자신이 '하늘이 열리는 통로', 즉 새로운 성전, 새로운 벧엘이 되신다(요 2:21, 4:21-24 참고).

요한의 제자도

안에서 하늘을 보고, 그 하늘의 질서와 목적에 따라 이 땅을 살아가는 존재로 새롭게 빚어지는 길이다.

◆ 제자도 묵상 7 : 메시아를 고백하는 길

1. **예수님은 빌립을 먼저 찾아가셨다.**
   → 제자도는 먼저 우리를 찾아오시는 하나님의 은혜에서 시작된다.

2. **예수님의 "나를 따르라"는 짧은 명령은 존재 전체를 향해 지속적으로 동행하라는 요청이었다.**
   → 제자도는 순간이 아니라, 매일 주님과 함께 걷는 길이다.

3. **빌립은 만남의 감격을 고백했고, 그 고백은 나다나엘에게로 이어졌다.**
   → 제자도는 개인을 넘어, 누군가를 부르는 공동체의 길이다.

4. **나다나엘은 "나사렛에서 무슨 선한 것이"라며 회의로 응답했다.**
   → 제자도는 상처와 회의 속에서도 주님 앞에 서는 정직함에서 시작된다.

5. **예수님은 나다나엘의 깊은 마음을 아셨고, 무화과나무 아래에 있는 그를 보셨다.**
   → 제자도는 우리를 아시고 보시는 주님의 시선에 응답하는 삶이다.

6. **나다나엘은 예수님을 하나님의 아들이시며 이스라엘의 임금으로 고백했다.**
   → 제자도는 이론이 아니라, 만남에서 드려지는 예배적 응답이다.

7. **예수님은 하늘이 열리고 인자 위에 천사들이 오르내릴 것이라 말씀하셨다.**
   → 제자도는 예수 그리스도를 통해 열린 하늘 질서 안에 사는 길이다.

✦ 더 깊이 생각하기

1. 예수님이 빌립과 나다나엘을 부르신 장면은 매우 구체적입니다. 예수님이 빌립에게 하신 말씀과, 빌립이 나다나엘에게 한 초대의 말을 비교해 보세요. 나다나엘은 처음에 예수님을 어떻게 평가했으며, 예수님은 그에게 어떤 통찰력 있는 말씀으로 반응하셨나요?

———————————————————————————————

———————————————————————————————

———————————————————————————————

2. 나다나엘은 "무화과나무 아래" 있을 때 자신을 보았다는 예수님의 말씀에 큰 충격을 받고 즉시 고백합니다. 예수님이 나다나엘의 내면과 상황을 아신다는 사실이 그에게 어떤 변화와 믿음을 일으켰습니까? 예수님이 "하늘이 열리고 하나님의 사자들이 인자 위에 오르락내리락하는 것을 보리라"고 하신 말씀은 어떤 상징과 약속을 담고 있을까요?(창 28:12과 연결해 보세요)

———————————————————————————————

———————————————————————————————

———————————————————————————————

3. 나다나엘처럼 나도 처음에는 의심하거나 냉소적으로 반응했지만, 예수님의 말씀에 전환된 경험이 있나요? 주님이 열어 주실 '하늘의 통로'를 기대하며 내가 준비할 수 있는 믿음의 태도는 무엇인가요?

———————————————————————————————

———————————————————————————————

———————————————————————————————

Discipleship

PART 2

제자는 성숙한 믿음으로 자라 간다

빛으로 부르심을 받은 제자의 여정은 이제 믿음의 뿌리를 내리는 시간으로 나아간다. 요한복음 2장과 3장은 표적과 대화를 통해 믿음이 어떻게 시작되고, 또 어떻게 자라나는지를 보여 준다.

가나의 혼인 잔치에서 예수님은 물로 포도주를 만드심으로써, 메마른 인생의 항아리를 기쁨으로 채우신다. 이 표적은 단지 기적의 기록이 아니라, 메마른 믿음을 새롭게 빚는 복음의 방식을 보여 준다. 그리고 성전에서의 정결 사건을 통해 예수님은 낡은 제도와 의식을 넘어 하나님과 직접 만나는 새로운 예배의 시대를 여신다.

3장에서는 니고데모와의 대화가 이어진다. 예수님은 그에게 "다시 태어나야 한다"고 말씀하시며, 신앙이란 새로운 정보나 교리의 습득이 아니라 성령으로부터 새롭게 시작되는 존재의 탄생임을 밝히신다. 또한 세례 요한의 "그는 흥하여야 하겠고 나는 쇠하여야 하리라"(요 3:30)는 고백은 제자도가 자신을 드러내는 길이 아니라 자기를 비움으로 주님을 드러내는 길임을 보여 준다.

2부는 제자도의 여정 속에서 '보는 믿음'이 '머무는 믿음'으로, '표적의 믿음'이 '말씀의 믿음'으로 성장해 가는 과정을 그린다. 예수님은 우리에게 단지 표적을 보여 주시는 분이 아니라, 그 표적 너머의 진리로 이끄시는 분이다. 믿음이란 그분의 행하심보다 그분 자신을 신뢰하는 관계로 나아가는 것이다.

제자는 결국, 예수님의 말씀 앞에서 자신을 내려놓고 그분의 뜻이 자신 안에 자리 잡도록 허락하는 사람이다. 그 믿음의 순종 속에서 제자의 내면은 성숙해진다.

2부는 믿음의 길을 걷는 제자에게 주어지는 두 번째 부르심을 보여 준다. 그것은 기적을 바라보던 눈이 이제 말씀의 깊이를 보는 눈으로 바뀌는 순간이다. 빛으로 시작된 제자도의 여정은 이제 믿음의 뿌리를 내려 내면의 성숙을 이루는 자리로 나아간다.

8장

비움과 순종

예수님은 제자들을 부르신 후 공적 사역의 첫 장면을 '잔치'로 시작하신다. 그런데 포도주로 가득 차야 할 항아리는 비어 있었으며, 모두가 기뻐해야 할 자리에는 부족함과 당황함이 흐르고 있었다. 하지만 바로 그 자리에 예수님이 계셨다. 이 첫 기적은 단지 물이 포도주로 바뀐 사건이 아니라, 비워진 인생에 채워지는 은혜, 때가 이르렀을 때 드러나는 주님의 영광, 그리고 제자들이 처음으로 믿게 된 표적이었다.

제자도는 고갈 없는 여정이 아니다. 오히려 고갈을 통해 주님을 신뢰하고, 비움과 순종을 통해 새롭게 채워지는 '하늘의 질서'를 배우는 길이다.

요한의 제자도

바닥난 인생, 이미 계신 예수님

요 2:1-3 1 사흘째 되던 날 갈릴리 가나에 혼례가 있어 예수의 어머니
도 거기 계시고 2 예수와 그 제자들도 혼례에 청함을 받았더니 3 포
도주가 떨어진지라 예수의 어머니가 예수에게 이르되 저들에게 포
도주가 없다 하니

결핍으로 시작되는 첫 장면

"사흘째 되던 날 갈릴리 가나에 혼례가 있어." 요한복음의 첫 '표
적'이 펼쳐지는 장면은 다소 의외다. 신비한 산이나 광야가 아니라, 평
범한 혼인 잔치의 식탁이다. 그러나 그 기쁨의 자리에서 "포도주가 떨
어졌다"는 말이 들린다. 축복의 시작이 고갈로 전환되는 역설이다. 바
로 이때 예수님이 일하신다. 성경은 이 사건이 "사흘째 되던 날"에 일
어났다고 기록한다. 이는 단순한 시간의 흐름이 아니라, 창조의 일곱
째 날을 향해 진행되는 구속사의 표지가 된다.[40]

예수님은 고갈의 현실을 통해 완성과 안식의 세계를 열어 가시는

---

40 "사흘째 되던 날"(요 2:1)은 요한복음 1장에 나오는 "이튿날"(테 에파우리온 τῇ ἐπαύριον)이라는
표현과 함께 일종의 서사적 시간 구조를 이룬다(요 1:29, 35, 43). 세례 요한의 증언이 시작
된 날로부터 지금까지, 즉 1장 19절부터 2장 1절까지 이어지는 날수를 세면 일곱째 날,
즉 창조의 완성과 안식에 해당하는 날에 이 혼인 잔치가 열린 것을 알 수 있다. 이는 예
수께서 새 창조의 주로서 첫 표적을 시작하신 시점을 의도적으로 배치한 것으로 보인
다. 또한 '혼인'은 종말론적 구원(사 62:5; 계 19:7)과 연결되는 이미지로, 예수님의 공생애가
새 언약의 완성(포도주)과 함께 시작된다는 요한복음의 신학적 메시지를 함축하고 있다.

분이다. 그 시작이 바로 '물이 포도주가 된' 첫 표적이었다.

주님은 '초대받은 분'으로 그 자리에 계셨다

예수님은 제자들과 함께 그 잔치에 손님으로 초대되셨다. 아직 아무도 그분이 무엇을 하실 수 있는지 알지 못했다. 예수님은 이 잔치에서 주도자가 아니라 조용한 손님이셨다. 그러나 바로 그분이, 바닥난 인생의 깊은 결핍을 영광의 출발점으로 바꾸셨다.

이것은 제자도의 중요한 출발점을 말해 준다. 예수님을 내 삶의 '손님'처럼 모시되, 그분이 언제, 어떻게 내 모든 고갈 위에 개입하실지 모른다는 열린 믿음을 가져야 한다. 제자는 모든 순간을 그분의 주권에 열려 있는 상태로 살아간다. 오늘도 나의 삶에 초대되신 예수님이 가장 평범한 자리에서 가장 놀라운 일을 시작하신다.

신앙의 부족함을 인정하는 용기

예수님의 어머니가 이렇게 말한다. "저들에게 포도주가 없다." 이 말은 단순한 정보 전달이 아니라, 고갈된 현실을 정직하게 예수님 앞에 가져온 고백이다. 신앙은 부족함을 부정하거나 감추는 것이 아니다. 오히려 부족함을 가장 먼저 주님께 드러내는 진실함이다. "포도주가 없다"는 이 한 문장은 우리 각자의 마음에서 울려 퍼질 수 있다.

"기쁨이 없다. 힘이 없다. 용기가 없다."

그때 주님은 멀리 계시지 않다. 고갈의 그 현장에 이미 계신다. 제자도는 결핍을 숨기지 않고, 그 자리에 주님이 계심을 믿는 신뢰의 삶이다.

때와 순종의 신비

요 2:4-5 4 예수께서 이르시되 여자여 나와 무슨 상관이 있나이까 내 때가 아직 이르지 아니하였나이다 5 그의 어머니가 하인들에게 이르되 너희에게 무슨 말씀을 하시든지 그대로 하라 하니라

"내 때가 아직 이르지 않았다", 신적 시간의 선언

예수님은 마리아의 요청에 이렇게 답하신다. "여자여 나와 무슨 상관이 있나이까 내 때가 아직 이르지 아니하였나이다." 이 대답은 단호한 거절처럼 들릴 수 있지만, 요한복음 전체를 아우르는 신적 시간과 사명의 자각을 드러내는 말씀이다. 여기서 말하는 '때'(호라 ὥρα)는 단지 시계상의 시간이 아니라, 하나님이 정하신 구속사의 순간을 의미한다.[41] 예수님은 포도주가 없는 현실이 아니라 하늘의 때를 따라 행

---

41 요한복음에서 예수님의 '때'(호라 ὥρα)는 항상 십자가와 부활의 결정적 순간과 연결된다(요 7:30, 8:20, 12:23). 여기서도 그 '때'는 아직 이르지 않았지만, 마리아의 요청은 그때를 향한 표적의 시작점이 된다. 즉 예수님의 시간은 하나님의 때를 따라 움직이며, 모든 표적은 그 시간의 흐름 안에서 십자가를 가리키는 표지로 이해해야 한다.

하신다. 제자도는 바로 이 점에서 갈라진다. 눈앞의 필요에 끌려가는 인생이 아니라, 하나님의 시간에 반응하는 삶, 이것이 예수님께 배우는 시간 감각이다.

"무슨 상관이 있나이까?", 단절이 아닌 전환

예수님은 어머니를 "여자여"(귀나이 γύναι)라고 부르신다. 이 표현은 결례가 아니라, 그분의 공적 사역이 혈연보다 하늘의 뜻에 의해 움직임을 선포하는 전환점이다. 즉 이 시점부터 예수님은 '어머니의 아들'이 아니라, '세상의 구주'로서 일하기 시작하신다. 요한복음은 예수님이 언제나 위로부터의 소명과 사명에 따라 행동하신다는 사실을 일관되게 보여 준다. 그 말은 곧 마리아조차도 예수님의 공적 사역에 있어서는 '믿음의 여정'에 서야 한다는 뜻이기도 하다.

무슨 말씀을 하시든지 그대로 하라

마리아는 예수님의 대답을 부정하지 않는다. 그 대신 하인들에게 조용히 말했다. "무슨 말씀을 하시든지 그대로 하라." 이 짧은 명령 안에 가장 깊은 신앙의 본질이 담겨 있다. 이 말은 예수님의 시간과 방식이 이해되지 않아도 신뢰로 순종하겠다는 태도를 보여 준다.

순종은 설명을 듣고 결정하는 것이 아니라, 그분이 누구신지를 알고 있기 때문에 먼저 따르는 행동이다. 제자도는 '무엇을 하실지 확신이 있을 때'가 아니라, '아직 아무 일도 시작되지 않았을 때부터 그분을 신뢰하고 순종하는 삶'이다. 기적은 바로 '말씀 이전의 순종' 위에서 피어난다.

최대한의 순종을 기대하신다

요 2:6-8 **6** 거기에 유대인의 정결 예식을 따라 두세 통 드는 돌항아리 여섯이 놓였는지라 **7** 예수께서 그들에게 이르시되 항아리에 물을 채우라 하신즉 아귀까지 채우니 **8** 이제는 떠서 연회장에게 갖다 주라 하시매 갖다 주었더니

정결 예식의 항아리, 새로운 질서를 기다리다

"거기에 유대인의 정결 예식을 따라 두세 통 드는 돌항아리 여섯이 놓였는지라." 요한은 단순히 그릇이 있었다고 하지 않았다. 그 돌항아리는 유대인의 정결 예식을 위한 것으로 모두 여섯 개였다고 자세히 묘사했다. "정결 예식"은 율법에 근거한 행위였고, 돌항아리는 의도적으로 물이 변질되지 않도록 만든 형태였다. 그 항아리 여섯 개는 오래된 종교 질서의 상징이며, 이미 기능은 있으되 비어 있는 상태였다.[42]

---

42 "돌항아리"(리티나이 휘드리아이 λίθιναι ὑδρίαι)는 물이 부패하거나 부정하게 되지 않도록 하기 위해 흙이나 나무가 아닌 돌로 만든 정결 용기였다(민 19:17 참고). "여섯"이라는 수는 '일곱'이라는 완전에 이르지 못한 불완전함의 상징으로 읽히며, 예수께서 이 항아리들

이 장면은 복음이 기존의 종교 형식 안에 갇히는 것이 아니라, 그것을 넘어 새 질서로 충만하게 하시는 예수님의 사역 방향을 보여 준다.

"물을 채우라", 순종은 실질적이다

예수님은 하인들에게 말씀하신다. "항아리에 물을 채우라." 기적은 갑작스레 일어나지 않는다. 그분의 첫 명령은 사람의 수고와 반복을 요구하는 단순한 행위였다. 항아리 여섯 개에 물을 가득 채우는 일은 비상한 영성이나 감정적 열정으로 하는 것이 아닌, 묵묵한 일상의 순종행위였다. 항아리는 그 자리에 오래 있었고, 물을 붓는 일은 아무 의미 없어 보일 수도 있었다. 그러나 바로 거기에 기적의 여백이 깃들어 있었다. 제자도는 종종 불필요해 보이는 자리에 다시 물을 채우는 순종을 요청받는 일상이다.

"아귀까지 채우니", 충만한 믿음의 용량

하인들은 항아리 입구까지 물을 가득 채웠다. 예수님의 말씀에 대해 '부분적'이거나 '적당한' 순종이 아니라, 최대한의 순종, 최선의 헌신으로 응답한 것이다. 그들의 순종이 철저했기에, 기적 또한 완전한 포도주의 품질로 나타날 것이다. 하나님은 헌신의 양으로 기적을 측정하시지 않지만, 우리가 깊이 신뢰할수록 그분의 영광은 더욱 충만

에 물을 채우게 하신 행위는 이전 질서를 넘어서는 새로운 충만의 시작으로 해석된다.

요한의 제자도

하게 드러난다. 제자도는 물을 채우는 시간과 수고를 낭비라 여기지 않고, 그 안에 하늘의 일이 담길 것을 믿는 용기다.

잔치의 끝에서 새 포도주를 내어주시다

요 2:9-11 9 연회장은 물로 된 포도주를 맛보고도 어디서 났는지 알지 못하되 물 떠 온 하인들은 알더라 연회장이 신랑을 불러 10 말하되 사람마다 먼저 좋은 포도주를 내고 취한 후에 낮은 것을 내거늘 그대는 지금까지 좋은 포도주를 두었도다 하니라 11 예수께서 이 첫 표적을 갈릴리 가나에서 행하여 그의 영광을 나타내시매 제자들이 그를 믿으니라

기적은 은밀하게 일어난다

"연회장은 물로 된 포도주를 맛보고도 어디서 났는지 알지 못하되 물 떠 온 하인들은 알더라." 요한복음은 예수님이 어떻게 물을 포도주로 바꾸셨는지에 대해 전혀 설명하지 않는다. 주님의 첫 표적은 조용히, 드러나지 않고 이루어졌다. 물을 채웠던 하인들만 이 일을 알고 있었다. 기적은 종종 자기 자리에서 묵묵히 순종하는 이들에게 먼저 드러난다. 제자도는 기적을 만들어 내려는 삶이 아니라, 기적에 쓰임 받는 조용한 순종의 위치에 머무는 길이다. 그리고 많은 이들이 알지 못

하는 순간에도, 그분의 손이 움직이고 있음을 신뢰하는 믿음이다.

"지금까지 좋은 포도주를 두었도다", 시간의 반전

연회장이 신랑을 불러 말한다. "사람마다 먼저 좋은 포도주를 내고 취한 후에 낮은 것을 내거늘 그대는 지금까지 좋은 포도주를 두었도다." 이 말은 잔치의 상식을 뒤엎는 찬사였다. 보통은 처음에 좋은 포도주를 내고, 뒤에는 품질을 낮춘다. 그러나 예수님의 표적으로 마지막 순간에 가장 좋은 것을 내게 되었다. 주님은 고갈 이후에 가장 탁월한 은혜를 베푸신다. 끝난 줄 알았던 자리에서 가장 빛나는 새 포도주를 주신다. 제자도는 하나님의 역사가 언제나 더 깊고 좋은 것을 향해 가고 있음을 믿는 시선을 훈련하는 삶이다. 신앙의 여정이 평범해지고, 기대가 식어 갈 때조차 주님은 가장 좋은 것을 준비하고 계신다.

표적은 영적 표지판이다

요한은 이 사건을 단순한 기적이라 하지 않고 첫 번째 "표적"(세메이온 σημεῖον)이라 말했다. "표적"은 단순히 능력을 과시하려는 것이 아니라, 그분이 누구신지를 보여 주는 '영적 표지판'이다.[43] 이 첫 표적으로 예수님은 부족함의 자리를 통해 영광을 드러내셨으며, 그로 인해 제

---

43 요한복음은 예수님의 기적을 '기적'(타우마 θαῦμα)이라 부르지 않고, 일관되게 '표적'(세메이온 σημεῖον)이라 명명한다(요 2:11, 4:54, 6:14 등). 이는 예수님의 행위가 단지 이적이나 능력의 표현이 아니라, 그분의 정체성과 메시아적 사명을 가리키는 계시의 통로임을 강조한다.

자들이 믿음을 품게 되었다. 제자도는 주님의 영광을 보는 것이며, 그 영광을 본 자는 그분을 따르지 않을 수 없게 된다. 믿음은 이적의 결과가 아니라, 그분의 존재가 비치는 순간에 자라나는 응답이다.

주님과 계속해서 내려가는 길

요 2:11하-12 11하 제자들이 그를 믿으니라 12 그 후에 예수께서 그 어머니와 형제들과 제자들과 함께 가버나움으로 내려가셨으나 거기에 여러 날 계시지는 아니하시니라

요한은 기적의 결말을 이렇게 정리했다. "제자들이 그를 믿으니라." 기적의 핵심은 사건 그 자체가 아니라, 그 사건을 통해 드러난 예수님의 영광을 보고 믿음으로 반응하는 것이다. 요한복음은 처음부터 끝까지 기적이 아니라 표적, 이해가 아니라 믿음, 감정이 아니라 관계에 주목한다. 제자도란 무엇을 보았는가보다 그 본 것을 어떻게 믿고 따르느냐에 달려 있다.

"그 후에 예수께서 그 어머니와 형제들과 제자들과 함께 가버나움으로 내려가셨으나." 이 말씀은 본문 전체의 후속 정황을 간략히 언급한다. 그런데 여기서 '함께'라는 말은 의미심장하다. 이제 제자들은 예수님을 '선생'이나 '선지자'가 아니라, 자신과 함께 동행할 주님으로

믿고 따르게 된 것이다. 믿음은 머릿속의 동의가 아니라, 발걸음을 함께하는 동행으로 열매 맺는다.

이 첫 표적을 통해 제자들은 '그분의 사람들'이 되었다. 이들은 이제 갈릴리의 한 작은 잔치에서 하나님의 아들로 자신을 계시하신 예수님을 따라 그분의 사명의 길을 함께 걷게 된다. 제자도는 어떤 감동적인 순간 이후에도, 그 주님과 함께 계속해서 '내려가는 길'을 걷는 삶이다. 믿음은 산꼭대기에서의 감격이 아니라, 가벼나움으로 내려가는 일상에서 지속되는 순종이다.

Discipleship

◆ 제자도 묵상 8 : 채움의 길

1. **예수님은 결핍의 현장에 '초대받은 손님'으로 계셨다.**
   → 제자도는 일상의 자리에서 주님의 개입을 기대하는 신뢰의 삶이다.

2. **포도주가 떨어졌을 때, 마리아는 고갈을 숨기지 않고 예수님께 드러냈다.**
   → 제자도는 부족함을 감추지 않고 주님께 내어놓는 정직함이다.

3. **예수님은 "내 때가 아직 이르지 아니하였나이다"라고 말씀하셨다.**
   → 제자도는 내 때가 아니라, 하나님의 때를 따르는 길이다.

4. **마리아는 "무슨 말씀을 하시든지 그대로 하라"고 말했다.**
   → 제자도는 결과보다 먼저 신뢰로 순종하는 삶이다.

5. **하인들은 항아리 아귀까지 물을 채웠다.**
   → 제자도는 적당히 따르는 것이 아니라, 충만하게 응답하는 태도다.

6. **기적은 조용히 일어났고, 그 안에서 예수님의 영광이 드러났다.**
   → 제자도는 드러남을 좇지 않고, 숨은 자리에서 그분의 영광을 경험하는 길이다.

7. **제자들은 그분을 믿고, 그분과 함께 '가버나움으로 내려갔다.'**
   → 제자도는 표적 이후에도 주님과 함께 일상으로 내려가는 동행이다.

✦ 더 깊이 생각하기

1. 가나의 혼인 잔치에서 예수님은 첫 표적을 통해 '물이 포도주가 되게 하는' 일을 행하셨습니다. 본문에서 예수님의 행동은 어떤 요청과 대화로 시작되었고, 어떤 순서로 이루어졌나요? "항아리에 물을 채우라"는 명령에 하인들이 어떻게 반응했는지 유심히 살펴 보세요.

   _____

   _____

   _____

2. 유대인의 정결 예식에 쓰이던 항아리에 물이 채워지고, 그 물이 포도주로 변한 사건은 단순한 기적이 아닙니다. 이 표적이 구약의 율법과 정결 예식, 그리고 예수님이 가져오신 새 시대와 어떻게 연결되는지 나누어 보세요.

   _____

   _____

   _____

3. 오늘 내 삶에는 어떤 '빈 항아리'가 있나요? 겉보기엔 정결함을 위한 항아리처럼 보이지만, 실제로는 공허하고 목마른 영역이 있다면 나누어 보세요. 내 삶의 빈 항아리에 채워지길 원하는 '새 포도주'는 무엇인가요?

   _____

   _____

   _____

9장

새로운 성전, 새로운 예배자

요한복음 2장은 가나의 혼인 잔치에서 물이 포도주로 바뀌는 채움의 기적으로 시작되었지만, 그다음 장면은 분위기가 완전히 달라진다. 예수님은 예루살렘 성전에서 장사하는 자들을 내쫓으시며 성전 자체에 대한 급진적인 선언을 하신다. "이 성전을 헐라 내가 사흘 동안에 일으키리라"(요 2:19). 이 한마디는 단지 건물에 대한 말이 아니라, 예배와 임재, 구원과 정체성에 대한 근본적인 전환을 예고한다.

이 장면에서 제자들은 예수님의 말씀을 완전히 이해하지 못한 채, 그분의 행위와 말씀을 '기억 속에 저장'한다. 그러나 부활 후에야 비로소 그 뜻을 깨닫고 믿게 된다. 제자도는 때로 지금은 이해되지 않아도, 말씀을 품고 기다리는 신뢰의 여정이다. 이 장을 따라가며 우리는 예배의 중심이 어떻게 바뀌는지, 그리고 제자란 어떤 존재로 다시 지어져야 하는지를 보게 될 것이다.

내 삶의 성전 안에서 내쫓을 것들

요 2:13-15 13 유대인의 유월절이 가까운지라 예수께서 예루살렘으로 올라가셨더니 14 성전 안에서 소와 양과 비둘기 파는 사람들과 돈 바꾸는 사람들이 앉아 있는 것을 보시고 15 노끈으로 채찍을 만드사 양이나 소를 다 성전에서 내쫓으시고 돈 바꾸는 사람들의 돈을 쏟으시며 상을 엎으시고

유월절의 성전, 그러나 영광은 사라졌다

본문은 '유월절이 가까운 즈음에' 예수께서 예루살렘으로 올라가셨다고 전한다. 유월절은 출애굽을 기념하는 절기이며, 온 이스라엘이 하나님의 구원을 예배하는 날이었다. 그 절기의 중심에 예루살렘 성전이 있었다.

그러나 예수님이 보신 성전은 하나님을 향한 경외가 아니라, 돈과 거래로 뒤덮인 시장이었다. 그곳은 예배드리는 공간이 아니라, 장사하는 시스템이 되어 있었다. 하나님을 만나는 자리가 아니라, 종교적 이익과 편의를 주고받는 장터가 되어 있었다. 예수님은 성전에 들어오셔서 가장 먼저 무엇이 예배를 가로막고 있는지를 직면하신다. 제자도는 주님과 함께 예배의 중심으로 나아가는 길이며, 그분의 시선으로 예배를 점검받는 자리이기도 하다.

"채찍을 만드사 내쫓으시고", 거룩한 분노의 사랑

예수님은 성전에서 소와 양과 비둘기 파는 사람들과 돈 바꾸는 환전상들을 보셨다. 그리고 채찍을 만들어 그들을 내쫓으셨다. 이는 단순한 격분이 아니라, 거룩한 분노로 행하신 구원의 행동이다. 예수님은 무너진 예배의 중심을 회복하시기 위해, 때론 온유보다 단호함으로 다가오신다.

성전 안에서 이루어지던 이 거래는 사실 유월절 제사와 연결된 제도였다. 그러나 그 제도가 본질을 삼키고, 예배가 형식과 상업성에 매몰될 때, 예수님은 그것을 흔들고 깨뜨리신다. 제자도는 예배를 '보존'하는 사람이 아니라, 예수님처럼 예배를 정결케 하고 회복하는 사람으로 부르심을 받은 길이다. "내 삶의 성전 안에 무엇이 들어와 있는가? 무엇이 주님의 임재를 가리고 있는가?" 이 질문 앞에서 우리는 성전의 문을 다시 열게 된다.

"앉아 있는 것을 보시고", 무뎌진 마음의 위험

이때 요한은 의미심장한 표현을 남긴다. "그들이 앉아 있었다." 거룩해야 할 공간에서, 그들은 너무나도 자연스럽고 익숙하게 자리 잡고 있었다. 예배는 여전히 진행되었지만, 하나님은 그곳에 계시지 않았다. 그곳은 은혜의 자리가 아니라 편리함과 이익, 반복과 무감각의 자리로 변질되었다. 예수님의 첫 행동은 그 '익숙함'을 뒤엎는 것이었다. 채찍은 물리적 응징이 아니라, 잠든 영혼을 깨우는 상징적 행동이었다.

성전의 본질을 기억하라

> 요 2:16 비둘기 파는 사람들에게 이르시되 이것을 여기서 가져가라
> 내 아버지의 집으로 장사하는 집을 만들지 말라 하시니

성전을 "내 아버지의 집"이라 부르시다

예수님은 비둘기 파는 사람들에게 말씀하셨다. "이것을 여기서 가져가라 내 아버지의 집으로 장사하는 집을 만들지 말라." 이 한마디는 단순한 분노나 도덕적 질책이 아니다. 예수님은 성전을 "내 아버지의 집"이라 부르셨다. 그분께 성전은 단지 제사를 드리는 장소가 아니라, 하나님 아버지와 친밀한 관계를 맺는 거처다. 이는 주님이 공관복음에서 "내 집은 기도하는 집이라 일컬음을 받으리라"는 구약 인용(사 56:7; 렘 7:11)에 근거해 책망하신 것과는 다르다. 요한복음은 구약의 기능적 정의보다 예수님의 정체성과 관계된 선언으로 접근한다.[44] 즉 성

---

[44] 요한복음은 공관복음과 다르게 성전 정화 사건을 서두(요 2장)에 배치하고 있다. 공관복음(마 21:13; 막 11:17; 눅 19:46)은 구약 인용을 통해 성전의 '기도의 기능'을 강조하며 "강도의 소굴"로 타락했음을 고발한다. 반면 요한복음은 구약 인용 없이 성전을 "내 아버지의 집"이라 명명하신 예수님의 말씀을 통해 관계 중심의 예배관을 드러낸다. 또한 "장사하는 집"이라는 표현은 스가랴 14장 21절의 종말론적 환상과 연결될 수 있다. "그날에는 만군의 여호와의 전에 가나안 사람이 다시 있지 아니하리라"는 말씀에서 "가나안 사람"(크나아니 כְּנַעֲנִי)은 상인·장사꾼의 대유법으로 해석된다. 히브리어 성경에서 호세아 12장 7절, 욥기 41장 6절, 잠언 31장 24절, 스바냐 1장 11절 등에서도 '가나안'은 '상인'으로 번역된다. 즉 이 표현은 단순히 민족적 배제를 의미하는 것이 아니라, 하나님의 성전에 장사꾼이 없게 될 날, 곧 예배의 거룩함이 회복될 날을 예고하는 말씀이다.

전은 "아버지의 집"이며, 예배는 관계적 사랑의 표현임을 선포하신 것이다.

장사하는 집을 만들지 말라

예수님의 다음 말씀이 이를 더 분명히 드러낸다. "장사하는 집을 만들지 말라." 공관복음에서는 성전을 "강도의 소굴"(스펠라이온 리스톤 σπήλαιον ληστῶν)로 기록한 반면, 요한복음에서는 "장사하는 집"(오이코스 엠포리우 οἶκος ἐμπορίου)이라는 보다 제도적이고 구조적인 비판이 중심에 있다. 예배는 사랑과 감사, 경외로 드려야 하는데, 그 자리가 이익과 편리, 효율의 공간으로 타락하고 있었던 것이다. 오늘날에도 우리는 동일한 질문 앞에 놓여 있다. 예배가 거래되고, 신앙이 수단이 되며, 교회가 시스템이 되는 현실에 대하여 예수님은 오늘도 채찍을 드실 수 있다.

예배의 본질을 흐리는 장사 구조

예수님의 책망은 단순히 현장 행위가 과도해서가 아니었다. 성전의 기능 자체가 '장사하는 시스템'으로 구조화되어 있었기 때문이다. 유월절 제사의 편의를 돕고자 성전 뜰 안에서 이뤄지던 환전과 제물 거래는 점차 사람들에게 예배 대신 비용을 계산하게 만들었고, 기도보다 성전세와 가성비를 따지는 구조가 되게 했다. 예수님은 이 흐름 전체를 '내 아버지의 집으로 장사하는 집을 만들었다'고 고발하신 것이다. 성전은 임재의 자리이지 사업 계획이 세워질 자리가 아니며, 예배는 응답의 자리이지 성과와 실적을 따질 테이블이 아니다.

진짜 제자는 예수님의 열심에 감염된 자다

요 2:17 제자들이 성경 말씀에 주의 전을 사모하는 열심이 나를 삼키리라 한 것을 기억하더라

하나님을 사랑하는 열정

예수님의 채찍질은 단순한 분노의 표출이 아니다. 요한복음은 그것을 "주의 전을 사모하는 열심"이라고 해석한다. 예수님은 성전에서 돈을 좇지 않으셨다. 그분은 아버지를 찾으셨다. 성전의 중심에서 하나님을 사랑하는 예배자의 열정이 무너진 것을 그분은 가만히 지나치실 수 없었다. 요한은 이 열심을 시편 69편 9절을 인용해 설명한다. "주의 집을 위하는 열성이 나를 삼키고 주를 비방하는 비방이 내게 미쳤나이다." 이 시편은 고난받는 의인의 고백이자, 신약에서는 그리스도의 고난을 예언하는 대표적인 본문이다.[45]

---

45 요한이 인용한 시편 69편 9절은 신약에서 예수 그리스도의 고난과 열심을 예표하는 본문으로 자주 언급된다. 특히 이 구절은 단지 성전에 대한 열정이 아니라, 그 열정으로 인해 고난을 겪는 메시아적 사명을 암시한다. "삼키리라"(카타파게타이 καταφάγεται)는 '태워

열심은 '삼키는 불'이다

여기서 중요한 단어는 '삼키리라'(카타파게타이 καταφάγεται)다. 예수님의 열심은 그분을 소모시키는 불처럼 타오르는 사랑이었다. 단지 누군가를 책망하거나 개혁하려는 의지가 아니라, 스스로를 불태우는 헌신으로 나타나는 열심이었다. 그 열심은 결국 십자가에서 완성될 불꽃이 된다. 요한복음 전체는 바로 이 '열심'이 가나의 혼인 잔치에서 예수님이 말씀하신 '내 때'에 이르기까지 순종의 여정으로 이어지고 있음을 보여 준다. 제자도는 그분의 열심에 감염된 존재로 살아가는 것이다. 진짜 제자는 열심히 일하는 자가 아니라, 그분의 열심에 의해 삶이 빚어진 사람이다. 주님의 열심은 외적인 동원이 아니라, 속사람의 불꽃이 우리를 삼키는 은혜로 다가온다.

제자들은 '기억했다'

요한은 제자들이 이 사건을 보고 그 말씀을 기억했다고 기록한다. 여기서 주목할 점이 있다. 그들은 이 시점에서 완전히 이해하지는 못했지만, 예수님의 이 말씀을 그들의 내면에 저장해 두었다는 사실이다. 요한복음은 '기억'이라는 주제를 반복한다(요 12:16, 14:26 참고).[46] 제자

없애다, 전소시키다'라는 의미로, 예수님의 열심이 그분의 생애 전체를 소진시키는 희생적 사랑임을 강조한다.

[46] 요한복음에서 '기억하다'(므네모뉴오 μνημονεύω)라는 단어는 단순한 떠올림이 아니라, 성령에 의한 내적 각성의 표지로 사용된다. 요한복음 12장 16절에서도 제자들은 예수님이 나귀를 타신 일에 대해 "그제야 이 일이 그에게 된 것인 줄을 '기억했다'"고 기록하고 있

는 언제나 모든 것을 즉각 이해하지 못한다. 그러나 주님의 말씀과 행위는 기억 속에 쌓이고, 그 기억은 때가 이르면 성령의 깨닫게 하심으로 이어진다. 제자도는 지금 이해하는 것보다 말씀을 품고 기다리는 믿음의 기억으로 완성된다. 기억은 곧 영적 시력이다. 지금은 잘 보이지 않아도, 기억된 말씀은 반드시 때가 되면 빛을 낼 것이다.

예수님의 몸을 따라 걷는 삶

요 2:18-21   18 이에 유대인들이 대답하여 예수께 말하기를 네가 이런 일을 행하니 무슨 표적을 우리에게 보이겠느냐 19 예수께서 대답하여 이르시되 너희가 이 성전을 헐라 내가 사흘 동안에 일으키리라 20 유대인들이 이르되 이 성전은 사십육 년 동안에 지었거늘 네가

다. 그리고 결정적으로 요한복음 14장 26절에서 예수님은 성령을 "너희에게 모든 것을 가르치고 내가 너희에게 말한 모든 것을 '생각나게'" 하실 분이라 소개하신다. 이는 요한복음의 성령론이 사도적 증언의 원천이자, 믿음의 인식과 전환을 가능케 하시는 보혜사의 역할을 중심으로 구성되어 있음을 보여 준다. 이 구조는 요한복음 전반에 흐르는 제자도 패턴과도 맞닿아 있다.

	인식 단계	행동 단계
요 1:34	보고 → 증언(세례 요한)	사역의 선포
요 2:17	기억함 → 믿음(제자들)	사도적 헌신
요 14:26	성령이 생각나게 하심	교회의 복음 선포

즉 요한은 제자도의 여정을 성령의 조명에 의해 깨닫고(인식), 삶으로 응답하는(행동) 영적 리듬으로 이해하고 있는 것이다.

삼 일 동안에 일으키겠느냐 하더라 [21] 그러나 예수는 성전 된 자기 육체를 가리켜 말씀하신 것이라

"이 성전을 헐라", 도전인가, 계시인가

예수님의 성전 정화 사건을 본 유대인들은 반응한다. "네가 이런 일을 행하니 무슨 표적을 우리에게 보이겠느냐." 이 질문은 단순히 기적을 요구하는 것이 아니다. 그들은 예수님께 권위를 요구한다. 즉 "당신이 이런 행위를 해도 되는 자격이 있는가?"라는 것이다. 이에 예수님은 이렇게 응답하신다. "이 성전을 헐라 내가 사흘 동안에 일으키리라." 이 말씀은 유대인에게는 오해와 충격, 제자에게는 기억과 신앙의 전환점이 된다. 예수님은 육체의 부활을 예고하신 것이다. 그러나 유대인들은 46년간 지은 헤롯 성전을 두고 "그걸 네가 사흘 만에 짓겠다고?"라며 반문한다. 그들의 질문은 현실의 성전에 대한 것이었고, 예수님의 대답은 부활의 몸, 즉 새로운 성전에 대한 계시였다.

예수님의 몸이 새로운 성전이다

요한복음은 2장 21절에서 친절하게 해설한다. "예수는 성전 된 자기 육체를 가리켜 말씀하신 것이라." 예수님은 성전을 회복하시는 분이 아니라, 성전 자체로 오셨다. 하나님과의 만남, 죄 사함, 임재, 영광, 회복, 구원 등 모든 성전의 기능은 이제 예수님의 몸 안에서 이루어진다. 십자가에서 찢기신 그 육체는 희생 제물이 되고, 중보 제사장이 되

며, 임재의 처소가 된다. 이 대전환은 예루살렘 성전이 아니라, 골고다 언덕과 부활의 무덤 안에서 이루어진다. 예배는 건물을 순례하는 것이 아니라, 예수 그리스도를 향한 만남으로 완성된다. 성전은 이제 공간이 아니라 인격이며, 제사는 절차가 아니라 관계다.

성전 중심 제자도에서 그리스도 중심 제자도로

이 본문은 단지 신학적 선언이 아니라, 제자도의 근간을 뒤흔드는 선포다. 이제 제자는 성전이라는 거룩한 구조 안에 머무는 자가 아니라, 예수님의 몸을 따라 살아가는 존재다. 예배의 대상이 바뀐 것이 아니라, 예배의 자리와 방식이 바뀌었다. 하나님을 만나는 자리는 더 이상 대제사장이 휘장을 지나가는 지성소가 아니라, 부활하신 그리스도 안에 머무는 인격적 만남이 된다. 그분의 몸이 찢겨졌기에, 우리는 성전의 휘장 너머로 나아갈 수 있게 되었다. 제자도는 이제 건물을 숭배하는 것이 아니라, 몸을 따라 걷는 삶이다.[47]

---

47 요한복음 2장 19–21절은 공간적 성전에서 존재적 성전으로의 전환을 선언한다. 헬라어로 '성전'은 '히에론'(ἱερόν)과 '나오스'(ναός) 두 가지가 있는데, 여기서 사용된 단어는 '나오스', 즉 성소 중의 성소, 하나님 임재의 장소를 뜻한다. 예수님은 자신의 몸을 성전의 중심으로 삼으셨다. 이는 요한복음이 강조하는 "말씀이 육신이 되어 우리 가운데 거하시매"(요 1:14)의 성육신 신학의 연속이며, 휘장이 찢어진 후의 신약적 예배론을 예고하는 결정적 계시다. 히브리서 10장 20절은 이를 다음과 같이 해석한다. "그 길은 우리를 위하여 휘장 가운데로 열어 놓으신 새로운 살 길이요 휘장은 곧 그의 육체니라."

기억하고, 깨닫고, 믿는 과정

요 2:22-25 22 죽은 자 가운데서 살아나신 후에야 제자들이 이 말씀하신 것을 기억하고 성경과 예수께서 하신 말씀을 믿었더라 23 유월절에 예수께서 예루살렘에 계시니 많은 사람이 그의 행하시는 표적을 보고 그의 이름을 믿었으나 24 예수는 그의 몸을 그들에게 의탁하지 아니하셨으니 이는 친히 모든 사람을 아심이요 25 또 사람에 대하여 누구의 증언도 받으실 필요가 없었으니 이는 그가 친히 사람의 속에 있는 것을 아셨음이니라

부활 이후에야 말씀을 기억하다

요한복음은 성전 정화 사건의 마지막에 이렇게 기록한다. "죽은 자 가운데서 살아나신 후에야 제자들이 이 말씀하신 것을 기억하고 성경과 예수께서 하신 말씀을 믿었더라." 이 짧은 문장은 요한복음 전체의 제자도 흐름을 포함하고 있다. 제자들은 예수님의 말씀을 그 순간에는 이해하지 못했다. 그러나 그 말씀은 기억 속에 저장되었고, 부활이라는 결정적 사건과 성령의 내적 조명이 이루어진 후에야 그 기억이 믿음으로 전환되었다.[48] 이것은 제자도가 단지 지적 수용이나 감정

---

[48] "죽은 자 가운데서 살아나신 후에"는 단순히 사건의 경과가 아니라, 성령 강림 이후 성령의 조명에 의해 신앙을 형성해 가는 것을 의미한다(요 7:39, 14:26 참고). "예수께서 아직 영광을 받지 않으셨으므로 성령이 아직 그들에게 계시지 아니하시더라"(요 7:39). "성령

요한의 제자도

적 동의가 아닌, 성령 안에서 말씀을 깨닫는 계시의 여정임을 드러낸다. 제자도는 모든 것을 즉시 이해하거나 해석하는 것이 아니라, 주님의 말씀을 마음에 간직하고, 때가 이르러 성령이 조명하실 때, 그 말씀을 믿고 사는 삶이다.

기억→성경→믿음

여기에는 요한복음이 자주 사용하는 제자도적 흐름이 담겨 있다. ① 기억하고→ ② 성경과 연결하고→ ③ 믿었다. 이 구조는 단지 지적 사유가 아니라, 전체가 성령의 조명 아래서 이루어지는 신앙의 전환이다. 말씀을 기억하는 것은 단순한 암기가 아니라, 성령 안에서 의미가 재구성되는 내적 사건이다. 그리고 그 기억은 성경 말씀과 만나면서 더 깊어지며, 결국 성령의 인도하심을 따라 믿음으로 열매를 맺는다. 이것은 앞서 요한복음 2장 17절, 그리고 이후 요한복음 14장 26절과도 연결된다. 성령은 예수님의 말씀을 생각나게 하시는 분이며, 그 생각남은 신앙의 실제적 변화와 연결된다. 기억이 곧 영적 성숙의 통로이며, 제자도는 이 기억을 성령의 도우심을 따라 믿음으로 해석해 내는 훈련이다.

그가 너희에게 모든 것을 가르치고 내가 너희에게 말한 모든 것을 생각나게 하리라"(요 14:26). 이처럼 제자들은 ① 말씀→ ② 기억→ ③ 성령의 조명→ ④ 신앙적 응답이라는 시간차 있는 구조 속에서 신앙을 형성해 간다. 요한복음은 이를 통해 제자도란 성령에 의해 말씀이 새롭게 기억되는 삶임을 선포한다.

예수님은 사람의 마음을 아셨다

23-25절에서 분위기는 전환된다. 많은 사람이 예수님의 표적을 보고 믿었지만, 예수님은 그들에게 자신을 의탁하지 않으셨다. 그분은 사람과 그 속에 있는 것을 아셨기 때문이다. 이 구절은 요한복음이 말하는 신앙의 진정성에 대한 경고다. 표적을 보고 따르는 믿음과 부활과 성령을 통해 깨달은 바를 따르는 믿음은 본질적으로 다르다. 예수님은 외적 고백보다 내적 실재를 보신다. 신앙은 감정이나 사건에 대한 반응이 아니라, 그분의 아심 앞에서 정직하게 반응하는 인격적인 태도다. 제자도는 예수님의 아심 앞에 머물며, 그분이 기억하게 하시고, 깨닫게 하시고, 믿게 하시는 과정을 신뢰하는 것이다.

Discipleship

◆ 제자도 묵상 9 : 예배자의 삶으로 드리는 길

1. **예수님은 성전을 "내 아버지의 집"이라 말씀하셨다.**
   → 제자도는 하나님과 친밀한 관계를 맺으며 살아가는 삶이다.

2. **예수님은 장사꾼들을 내쫓으시며, 성전이 '거룩함'을 잃은 현실을 드러내셨다.**
   → 제자도는 신앙을 도구화·상업화하지 않고, 예배의 본질을 지키는 길이다.

3. **"주의 전을 사모하는 열심이 나를 삼키리라"는 말씀이 성취되었다.**
   → 제자도는 주님의 열심에 사로잡혀 헌신으로 응답하는 길이다.

4. **예수님은 "이 성전을 헐라"고 선언하셨다.**
   → 제자도는 장소와 제도를 넘어 예수님 중심으로 살아가는 삶이다.

5. **예수님의 몸이 곧 성전이 되었다.**
   → 제자도는 건물 중심의 신앙에서 벗어나, 그리스도 안에 거하는 삶이다.

6. **제자들은 부활 이후에야 말씀을 '기억하고' 믿게 되었다.**
   → 제자도는 당장 이해되지 않아도, 말씀을 품고 기다리는 길이다.

7. **예수님은 사람의 마음을 아셨고, 누구에게도 자신을 의탁하지 않으셨다.**
   → 제자도는 표적이 아니라 말씀과 진리를 따라 사는 삶이다.

✦ 더 깊이 생각하기

1. 예수님은 성전에 들어가서 상인들과 환전상들을 내쫓으시고 성전을 정화하십니다. 예수님이 분노하신 이유는 무엇이며, 그 장면에서 반복되는 단어나 행동은 무엇입니까? "내 아버지의 집으로 장사하는 집을 만들지 말라"는 말씀은 성전의 어떤 목적을 회복시키려는 것입니까?

   _____

   _____

   _____

2. 예수님은 자신의 몸을 성전에 비유하며 "이 성전을 헐라 내가 사흘 동안에 일으키리라"고 말씀하십니다. 이 표현은 예수님의 어떤 죽음과 부활을 예고하는 말씀입니까? "그가 친히 사람의 속에 있는 것을 아셨음이라"(25절)는 말씀은 제자도와 어떤 관련이 있습니까?

   _____

   _____

   _____

3. 지금 내 신앙에서 '성전'은 어떤 의미입니까? 예배당, 예배 시간, 종교 행위로만 인식되어 온 부분은 없었는지 나누어 봅시다. 예수님이 오늘 내 안에 새롭게 세우기를 원하시는 '예배자의 성전'은 어떤 모습입니까?

   _____

   _____

   _____

10장

제자는 나은 사람이 아니라 전혀 새로운 존재

요한복음은 지금까지 '말씀으로 오신 하나님', '하나님의 어린양', '첫 제자들의 초대와 따름' 그리고 '새 포도주가 되는 변화'까지, 점진적으로 복음의 본질을 보여 주었다. 이제 요한은 갑작스럽게 전환한다. 사람들이 깨어 있는 낮이 아니라 모든 것이 멈추는 '밤'에 예수님을 찾아온 한 사람, 니고데모. 그는 유대 지도자였고, 바리새인이며, 산헤드린의 일원이었다. 그는 율법과 종교 시스템을 꿰뚫고 있었지만, 정작 생명의 나라에는 들어가 본 적이 없었다.

예수님은 그런 그에게 단도직입적으로 말씀하신다. "사람이 거듭나지 아니하면 하나님의 나라를 볼 수 없느니라"(요 3:3). 이 말씀은 "조금 더 나은 사람이 되라"는 조언이 아니라, 전혀 새로운 존재가 되어야 한다는 선언이다. 그리고 거듭남은 오직 성령에 의해 가능하다는 복음의 핵심이 선포된다.

이 본문은 단지 니고데모 한 사람을 위한 말씀이 아니라, 모든 시대의 제자들에게 주어지는 존재적 물음이다. "나는 정말 거듭났는가? 내가 지금 보고 있는 것은 하나님 나라인가? 내가 살아가는 생명력은 성령으로부터 온 것인가?" 이 장을 통해 우리는 종교인에서 제자로, 지식에서 생명으로, 시스템에서 성령으로의 전환이 어떻게 시작되는지를 보게 될 것이다.

밤에 찾아온 사람

요 3:1-2 1 그런데 바리새인 중에 니고데모라 하는 사람이 있으니 유대인의 지도자라 2 그가 밤에 예수께 와서 이르되 랍비여 우리가 당신은 하나님께로부터 오신 선생인 줄 아나이다 하나님이 함께하시지 아니하시면 당신이 행하시는 이 표적을 아무도 할 수 없음이니이다

니고데모, '높은 자'의 갈등

본문은 니고데모를 이렇게 소개한다. "그런데 바리새인 중에 니고데모라 하는 사람이 있으니 유대인의 지도자라." 니고데모는 단순한 개인이 아니라, 당시 종교 체계의 정점에 있는 인물이었다. 그는 율법에 대한 열심, 바른 교리, 사회적 위치와 도덕성 등 모든 것을 가졌지만, 그의 안에는 해결되지 않는 '공허한 목마름'이 있었다. 그는 그것

을 감추지 않았다. 그래서 밤에 예수님을 찾아왔다.

니고데모의 '밤'

"그가 밤에 예수께 와서 이르되." 요한복음에서 '밤'은 단순한 시간 표현이 아니다. 혼란과 무지, 두려움과 불신을 상징하는 시간이다.[49] 니고데모의 '밤'은 종교적 성공과 권위 뒤에 감춰진 어둠이었다. 그는 사람들 몰래, 그러나 분명한 결단을 가지고 예수께 나아왔다. 그의 방문은 '완성된 믿음'이 아니라, 무너질 준비가 된 신앙의 갈증에서 비롯되었다. 요한복음의 제자도는 이처럼 낮에 빛 가운데 나오는 자들만을 위한 것이 아니다. 밤중에도, 이해가 부족해도 진리를 향해 움직이는 내면의 걸음이 제자도의 출발이 된다.

불완전한 고백

니고데모는 이렇게 고백한다. "우리가 당신은 하나님께로부터 오신 선생인 줄 아나이다 하나님이 함께하시지 아니하시면 당신이 행하시는 이 표적을 아무도 할 수 없음이니이다." 이 말은 신앙고백 같지만, 복음서 전체에 비추어 보면 불완전한 고백이다. 예수님을 '하나

---

49 요한복음에서 "밤"(눅스 νύξ)은 단순한 시간 개념이 아니라 상징적 어둠의 상태를 가리킨다. 유다의 배신 장면은 다음과 같다. "유다가 그 조각을 받고 곧 나가니 밤이러라"(요 13:30). 요한복음 전체에서 '빛'과 '어둠'은 인식과 불신, 구원과 심판을 가르는 구조로 사용된다(요 1:5, 3:19 – 21, 9:4 등). 니고데모의 '밤에 찾아옴'은 그의 신앙이 아직 완성되지 않았지만, 진리를 향해 움직이는 내면의 몸짓이었다고 해석할 수 있다.

님이 함께하시는 선생' 정도로 여겼기 때문이다. 그는 예수님의 정체를 기적을 통해 해석하려고 했고, 존재보다는 능력에 반응했다. 하지만 예수님은 이 고백에 어떤 칭찬도, 맞장구도 치지 않으신다. 예수님은 표적을 통해 접근하려는 신앙을 거부하고, 곧바로 거듭남의 본질로 그를 이끄신다.

제자는 다시 태어난다

요 3:3 예수께서 대답하여 이르시되 진실로 진실로 네게 이르노니 사람이 거듭나지 아니하면 하나님의 나라를 볼 수 없느니라

위로부터 나야 한다

니고데모가 존경의 말을 건네자, 예수님은 곧바로 핵심을 찌르는 선언으로 답하신다. "진실로 진실로 네게 이르노니 사람이 거듭나지 아니하면 하나님의 나라를 볼 수 없느니라." 이 말씀은 칭찬도, 격려도 없이 선포된 명령형 진실이다. 헬라어 원문에서 "거듭나지 아니하면"은 '누구든지 위로부터 태어나지 않으면'이라는 뜻이다.[50] 예수님

---

50 요한복음 3장 3절의 '거듭남'은 헬라어로 '겐네데 아노센'(γεννηθῇ ἄνωθεν), 직역하면 '위로부터 태어난다'는 뜻이다. '아노센'(ἄνωθεν)은 '위로부터', '하늘로부터'라는 뜻으로, 요한복음 19장 11절에서는 "위에서 주지 아니하셨더라면"이라는 의미로 사용되고, 야고

은 니고데모의 표적 해석, 종교적 위치, 인식 수준에 어떤 논쟁도 하지 않으신다. 대신 그의 존재 자체를 다시 세워야 한다고 말씀하신다. '위로부터 나는 것'만이 하나님 나라를 보는 눈을 열어 준다.

성령이 존재를 새롭게 하신다

예수님은 하나님 나라에 대해 '보다'(요 3:3)와 '들어가다'(요 3:5)라는 두 동사를 사용하셨다. '보다'(프린 안 이데 πρὶν ἂν ἴδῃ)는 인식, 깨달음, 분별을 의미하고, '들어가다'(에이셀데 εἰσέλθῃ)는 참여, 소속, 삶의 영역을 의미한다. 즉 하나님 나라란 먼저 머리로 이해하는 세계가 아니라, 보게 될 때 들어가게 되는 살아 있는 현실이라는 사실을 주님은 밝히신 것이다. 이때 필요한 것이 바로 '거듭남', 곧 성령으로 말미암아 새롭게 태어나는 것이다. 종교적 정보나 제도적 변화가 아니라, 전혀 새로운 시작이 요구되는 것이다.

'위로부터'라는 시선의 전환

'거듭남'은 단지 다시 태어나는 리셋(reset)이 아니라, 하늘로부터 태어나는 것, 곧 영적 시원(始原)의 변화다. 이것은 '사람이 자기 힘으

보서 1장 17절, 3장 15절에도 동일한 단어가 등장한다. 따라서 '다시 태어남'은 과거를 지우고 리셋하는 것이 아니라, 완전히 새로운 생명에서 시작하는 사건이다. 니고데모는 이 단어를 단지 시간적 반복으로 이해하지만(요 3:4), 예수님은 출처의 전환을 말씀하신다. 이는 성령론적이며 존재론적 제자도의 기초다.

로 도달하는 변화'가 아니라, 위에서 부어지는 생명의 시작이다. 그래서 제자도는 결심의 문제가 아니라 출처의 문제다. "어디에서 시작되었는가? 사람으로부터인가, 성령으로부터인가?" 예수님은 니고데모의 종교적 자산과 위치에 대해서는 전혀 언급하지 않으셨다. 오직 거듭남이라는 '출처의 혁명'만을 요청하셨다.

다시 태어남은 하나님의 재창조다

> 요 3:4 니고데모가 이르되 사람이 늙으면 어떻게 날 수 있사옵나이까 두 번째 모태에 들어갔다가 날 수 있사옵나이까

니고데모의 질문: 합리적 반응

예수님의 선언 앞에서 니고데모는 즉각 반문한다. "사람이 늙으면 어떻게 날 수 있사옵나이까 두 번째 모태에 들어갔다가 날 수 있사옵나이까." 이 질문은 단지 우문(愚問)이 아니다.[51] 그는 진지하게 예수님

---

51 이 표현은 고대 랍비 문헌에서는 거의 등장하지 않는 독특한 반문이다. 니고데모는 시간적 반복(다시)을 이해했지, 출처의 변화(위로부터)를 이해하지 못했다. 이는 요한복음 3장 3절의 "거듭"(아노센 ἄνωθεν, 위로부터)을 시간적으로 오해한 데서 비롯되었다. 예수님은 존재의 재창조, 즉 하늘로부터의 기원을 말씀하셨지만, 니고데모는 생물학적 재출생으로 해석했다. 이것은 곧 요한복음에서 반복되는 '영적 실재와 인간적 이해의 충돌' 구조 중 하나로, 수가성 여인의 "어디서 예배해야 합니까?", 나사로의 누이 마르다의 "마지막 날에 부활할 줄 압니다" 등과 유사한 맥락을 형성한다.

의 말씀을 이해하려 했지만, 그 방식이 철저히 인간적, 생물학적, 합리주의적이다. 즉 그는 여전히 '다시 난다'는 말을 육적인 방식으로만 받아들이고 있다. 이 장면은 종교적 엘리트의 한계를 보여 준다. 율법과 전통에 익숙해도, 성령의 역동성과 하늘의 기원을 이해하지 못하는 것이다.

영적 언어는 영으로 들려야

니고데모의 반응은 하늘의 언어를 땅의 지식으로 해석하려는 시도에서 나왔다. 그러나 예수님의 말씀은 논리적 개념이 아니라 영적 실재다. 요한복음 6장 63절에서 예수님은 이렇게 말씀하신다. "살리는 것은 영이니 육은 무익하니라 내가 너희에게 이른 말은 영이요 생명이라." 거듭남도 마찬가지다. 이것은 설명할 수 있거나 분석되는 것이 아니라, 성령의 바람처럼 임하고, 그로 인해 열리는 새로운 삶이다. 제자도는 내가 이해하는 만큼 따르는 것이 아니라, 하나님이 깨닫게 하실 것을 믿고 순종하며 따라가는 여정이다.

존재의 불가능 앞에서 신앙은 시작된다

니고데모의 질문에는 "그것은 불가능하지 않습니까?"라는 본능적인 거부감이 담겨 있다. 그는 자신이 가진 종교적 경력, 인간적 경험, 나이, 지위 등으로 인해 다시 시작하는 삶을 상상하지 못한다. 그러나 복음은 바로 그 불가능한 자리에서 시작된다. 아브라함은 백 세에 자식을 낳았고, 사라는 웃었으며, 마리아는 남자를 알지 못했으나 잉태했다. 죽은 자가 살아났고, 사울이 바울이 되었고, 어부가 교회의 기둥이 되었다. 다시 태어남은 인간의 불가능 앞에서 하나님의 창조가 다시 시작되는 지점이다.

나의 신앙은 정말 영에서 났는가

요 3:5-6 5 예수께서 대답하시되 진실로 진실로 네게 이르노니 사람이 물과 성령으로 나지 아니하면 하나님의 나라에 들어갈 수 없느니라 6 육으로 난 것은 육이요 영으로 난 것은 영이니

다시 강조되는 선언

니고데모가 '다시 태어남'을 이해하지 못하자, 예수님은 더욱 명확하고 강한 어조로 다시 선언하신다. "진실로 진실로 네게 이르노니 사람이 물과 성령으로 나지 아니하면 하나님의 나라에 들어갈 수 없느니라." 이 구절은 앞서 3절에서의 '볼 수 없다'에서 '들어갈 수 없다'로 나아가며, 다시 태어남이 단순한 인식의 문제가 아니라 존재와 소속의 문제임을 분명히 한다. 그리고 그 전환은 "물과 성령"이라는 영적 출생의 이중 구조를 통해서만 가능하다고 선언된다.

물과 성령: 분리 아닌 연합

"물과 성령"이라는 표현에 대한 해석은 다양하지만, 요한복음의 문맥 안에서 볼 때 이는 회개와 갱신을 상징하는 '물'과 새 생명을 낳는 능동적 주체이신 '성령'의 결합된 표현으로 이해하는 것이 가장 자연스럽다.[52] '물'은 요한의 세계처럼 죄 씻음과 회개의 상징이며, '성령'은 하나님 나라의 생명과 새 창조의 영적 능력을 뜻한다. 즉 죄 씻음과 새 생명은 하나님 나라의 문을 여는 불가분의 이중 구조이며, 모두 하늘로부터 주어지는 은혜의 사건이다.

육으로 난 것 vs 영으로 난 것

예수님은 이어서 이렇게 말씀하신다. "육으로 난 것은 육이요 영으로 난 것은 영이니." 이 구절은 존재의 시원(始原)을 구별한다. 육에서 난 것은 인간적 본성과 노력, 전통과 유전에 속하며, 영에서 난 것은 성령에 의한 새 창조, 하늘의 생명력에 속한다. 여기서 예수님은 '종교인' 니고데모의 정체성에 근본적인 질문을 던지신다. "너는 정말 영에서 났는가? 너의 신앙은 하늘로부터인가, 전통으로부터인가? 너의 제자도는 성령의 열매인가, 경험의 결과인가?"

---

52 "물과 성령"(ἐξ ὕδατος καὶ πνεύματος)은 헬라어 전치사(ἐξ, ~으로부터)가 두 단어(물, 성령)에 모두 적용되어 하나의 단일 출처를 강조한다. 이 구조는 단순히 두 개의 별개 요소를 말하는 것이 아니라, 하늘로부터 임하는 회개의 정화(물)와 새 창조의 능력(성령)이 함께 작용하는 영적 탄생을 뜻한다.

하나님의 손길을 따라 사는 삶

요 3:7-8 7 내가 네게 거듭나야 하겠다 하는 말을 놀랍게 여기지 말라
8 바람이 임의로 불매 네가 그 소리는 들어도 어디서 와서 어디로 가
는지 알지 못하나니 성령으로 난 사람도 다 그러하니라

바람과 같은 성령의 사역

예수님은 니고데모의 당혹감과 혼란에 대해 이렇게 말씀하신다.
"내가 네게 거듭나야 하겠다 하는 말을 놀랍게 여기지 말라." 이 말씀
은 부드러운 권면이자, 신앙의 문턱을 넘어야 할 본질적 도전이다. 예
수님은 지금까지 니고데모가 쌓아 온 모든 신앙 체계를 부정하시는
것이 아니라, 전혀 새로운 시원(始原)의 신앙으로 인도하신다. 예수님
은 그가 알아듣기 쉬운 자연의 현상, 즉 '바람'을 들어 성령의 사역을
비유하신다.

성령의 주도로 이루어지는 거듭남

헬라어에서 '바람'과 '성령'은 같은 단어인 '프뉴마'(πνεῦμα)다.[53] 이

---

53 헬라어 '프뉴마'(πνεῦμα)는 바람, 숨결, 영, 성령을 모두 포괄한다. 요한복음은 이를 통해
성령의 비가시성과 실재성을 동시에 강조한다. 에스겔 37장의 마른 뼈들에 생기를 불어
넣으시는 장면도 같은 맥락이다. 성령은 보이지 않지만 생명을 일으키시고, 소속과 정체
성을 바꾸며, 하나님 나라에 들어가게 하시는 유일한 능력이다. 이 말씀은 니고데모가
가진 눈에 보이는 성전, 제도, 권위, 계통 중심의 신앙에서, 보이지 않으나 실제로 역사하

중 의미를 지닌 이 단어는 보이지 않지만 실제로 느껴지고 변화시키는 힘을 가진 존재로 설명된다. 바람은 방향도 통제할 수 없고, 눈에도 보이지 않지만, 그 움직임은 흔들림과 진동, 소리와 변화로 드러난다. 예수님은 성령의 주권성과 신비성을 강조하신 것이다. 거듭남은 내가 주도하는 선택이 아니라, 성령의 자유로운 역사로 주어지는 생명이다.

보이지 않는 손길을 따라

"성령으로 난 사람도 다 그러하니라." 이 표현은 제자도의 정체성을 결정짓는다. "성령으로 난 사람"은 자신의 계획이나 경로보다 하나님의 인도하심과 부르심을 따라 산다. 그는 자신의 신앙과 인생이 자기 결정의 산물이 아님을 인정하고, 보이지 않는 하나님의 손길을 따라 살아가는 삶의 리듬에 익숙해진다. 제자도는 그래서 소속의 전환이고, 방향의 재구성이며, 속성의 변화다.

시는 성령의 실재 중심 신앙으로 전환되도록 이끄는 결정적인 교훈이다.

Discipleship

◆ 제자도 묵상 10 : 다시 태어나는 길

1. **니고데모는 종교적 권위를 가진 바리새인이었지만, 밤에 예수님을 찾아왔다.**
   → 제자도는 완성된 상태가 아니라, 목마름과 정직한 질문으로 주님께 나아가는 길이다.

2. **예수님은 "거듭나지 아니하면 하나님의 나라를 볼 수 없느니라"고 선언하셨다.**
   → 제자도는 점진적인 변화가 아니라, 성령으로 근원이 바뀌는 존재의 전환이다.

3. **니고데모는 "어떻게 다시 날 수 있는가?"라며 육적 기준으로 이해하려 했다.**
   → 제자도는 인간의 기준을 넘어, 하늘의 말씀을 믿음으로 받아들이는 길이다.

4. **예수님은 "물과 성령으로 나지 아니하면…"이라고 말씀하셨다.**
   → 제자도는 죄 씻음과 새 생명이 함께 이루어지는 성령의 재탄생이다.

5. **"육으로 난 것은 육이요 영으로 난 것은 영이니"는 존재의 출처를 묻는다.**
   → 제자도는 내가 무엇을 했는가보다, 어디에서 났는가를 묻는 정체성의 길이다.

6. **예수님은 "바람이 임의로 분다"고 하시며 성령의 자유를 말씀하셨다.**
   → 제자도는 하나님의 주권 아래 움직이는 생명의 바람을 따르는 길이다.

7. **성령으로 난 자는 바람처럼 보이지 않지만, 그 흔적은 분명하게 나타난다.**
   → 제자도는 보이는 표적이 아니라 내면의 변화로 드러나는 삶이다.

요한의 제자도

◆ 더 깊이 생각하기

1. 니고데모는 밤에 예수님을 찾아와 "당신은 하나님께로부터 오신 선생"이라고
   말합니다. 그는 왜 밤에 예수님을 찾아왔을까요? 예수님이 반복해서 "거듭나야
   한다"고 말씀하신 부분에서 어떤 단어들이 강조되고 있나요?

   _____

   _____

   _____

2. 예수님은 "사람이 거듭나지 아니하면 하나님의 나라를 볼 수 없느니라"고 말
   씀하십니다. '다시 태어남'이란 단순한 도덕적 변화나 종교적 결심을 넘어 어떤
   존재론적 변화를 뜻하나요? '물과 성령으로 나야 한다'는 표현은 세례, 성령, 새
   창조와 어떤 관련이 있나요?

   _____

   _____

   _____

3. 나는 예수님과의 관계에서 한 번 '결심한 사람'입니까, 아니면 정말 '다시 태어
   난 사람'입니까? 성령의 이끄심을 따르는 삶은 구체적으로 어떤 모습으로 나타
   날까요?

   _____

   _____

   _____

11장

그를 믿는 자는 멸망하지 않는다

니고데모의 질문은 계속된다. 그는 거듭남에 대해 들었지만 이해하지 못한다. 종교적 지식과 율법의 권위를 갖춘 그였지만, 성령의 바람에 대해선 알지 못했다. 예수님은 그런 니고데모를 더 깊은 차원의 대화로 이끌어 가신다. 이제는 하늘의 일을 말씀하시며, 광야에서 들린 놋뱀처럼 십자가에 들릴 자기 자신을 암시하신다. 그리고 마침내 요한복음의 가장 찬란한 복음 선언, "하나님이 세상을 이처럼 사랑하사 독생자를 주셨으니"(요 3:16)라는 말씀이 터져 나온다.

이 말씀은 복음서 전체, 아니 성경 전체를 꿰뚫는 사랑과 생명의 선포이며, 존재적 제자도가 무엇에 뿌리내리고 있는지를 분명하게 보여 주는 은혜의 근원이다. 여기서 우리는 다시 묻게 된다. "나는 예수님을 믿는가?", "나는 그 십자가의 들리심을 어떻게 받아들였는가?"

믿음은 감정이나 지식이 아니라, 멸망과 생명의 갈림길에서 십자가를 선택하는 존재의 응답이다. 이 장은 우리를 그 분기점으로 인도한다.

믿음은 논리적 동의가 아니라 받아들임이다

요 3:9-13 9 니고데모가 대답하여 이르되 어찌 그러한 일이 있을 수 있나이까 10 예수께서 그에게 대답하여 이르시되 너는 이스라엘의 선생으로서 이러한 것들을 알지 못하느냐 11 진실로 진실로 네게 이르노니 우리는 아는 것을 말하고 본 것을 증언하노라 그러나 너희가 우리의 증언을 받지 아니하는도다 12 내가 땅의 일을 말하여도 너희가 믿지 아니하거든 하물며 하늘의 일을 말하면 어떻게 믿겠느냐 13 하늘에서 내려온 자 곧 인자 외에는 하늘에 올라간 자가 없느니라

무지의 벽에 부딪힌 신앙

니고데모는 다시 묻는다. "어찌 그러한 일이 있을 수 있나이까?" 거듭남에 대한 예수님의 단호한 선언 앞에서 그는 더 이상 말씀의 의미를 이해하지 못한다. 율법과 종교 제도에 정통했던 그가, 지금은 존재의 근본을 재설정하라는 말씀 앞에서 무지의 침묵에 빠진다. 예수님은 책망하듯 말씀하신다. "너는 이스라엘의 선생으로서 이러한 것들을 알지 못하느냐." 이 말씀은 단지 니고데모 개인에 대한 질책이 아

니다. '종교 지도자'로 불리며 지식과 해석의 권위를 자처한 이들에게 던지시는 일침이다. 제자도는 아는 자가 따르는 길이 아니라, 부르시는 분을 믿고 걷는 길이다.

증언을 삶으로 받아들이는 태도

예수님은 곧이어 "우리는 아는 것을 말하고 본 것을 증언하노라"라고 선언하신다. 여기서 복수형 '우리는'은 오직 예수님과 하나님, 또는 성령과 일치된 하늘의 삼위 증언을 암시한다.[54] 예수님은 추측이나 해석을 전하는 분이 아니라, 직접 보고 들은 것을 말하는 증언자이시다. 그러나 사람들은 그 증언을 받지 않는다. 니고데모는 아직 믿지 않았고, 그가 대표하는 종교적 집단 역시 예수님의 말씀을 불편해한다. 믿음은 논리적 동의가 아니라, 증언을 받아들이는 태도다. 제자는 그 증언을 삶 전체로 받아들이는 사람이다.

하늘의 일은 믿음으로 열린다

예수님은 니고데모의 불신을 가리켜 말씀하신다. "내가 땅의 일을

---

54 "우리는"(헤메이스 ἡμεῖς)이라는 복수 표현은 해석상 두 가지 가능성을 갖는다. 하나는 예수님과 성부 하나님의 삼위일체적 일치(요 8:26, 38), 또 하나는 예수님과 제자들, 혹은 세례 요한과 그 제자들까지 포함한 참된 증언 공동체를 의미한다는 견해다. 요한복음 전체가 "증언"(마르튀리아 μαρτυρία)을 중심에 두고 전개된다는 점에서 두 가지 견해는 둘 중 어느 하나이기보다 이중적 의미로 수용하는 것이 바람직하다. 이 구절은 요한복음의 신학적 진술 구조를 대표하는 핵심 문장 중 하나다.

말하여도 너희가 믿지 아니하거든 하물며 하늘의 일을 말하면 어떻게 믿겠느냐." 여기서 '땅의 일'은 거듭남, 성령의 임재, 하나님 나라가 임하는 방식과 같은 이 땅에서 일어나는 영적 현실을 가리킨다. 이것조차 믿지 못하는 자가 어떻게 하늘의 비밀, 곧 인자의 들리심과 구원의 도를 이해할 수 있겠는가. 예수님은 지금 믿음 없는 이해의 한계를 넘어, 믿는 자에게만 보이는 계시의 길로 니고데모를 이끌고 계신다. 제자도는 해석해서 얻는 결과가 아니라, 믿음으로 열린 계시의 세계다.

구속의 중보자, 곧 인자

그리고 예수님은 마침내 자기 자신을 드러내신다. "하늘에서 내려온 자 곧 인자 외에는 하늘에 올라간 자가 없느니라." 이 구절은 요한복음 전체를 관통하는 하강 – 상승 구조의 핵심 진술이다.[55] 예수님은 '하늘에서 내려오신 분'이자 십자가를 통해 들리실 분, 그리고 부활과 승천으로 다시 하늘로 올라가실 유일한 통로이시다. '인자'(호 휘오스 투 안드로푸 ὁ υἱὸς τοῦ ἀνθρώπου)는 인간의 아들로 오신 하나님의 아들, 곧 십자가에 달리실 구속의 중보자로서 등장한다. 제자는 이 인자를 땅에서 만났지만, 하늘의 영광을 믿는 자다.

---

55 요한복음 3장 13절은 요한복음의 하강–상승(Descent – Ascent) 신학의 핵심 구절 중 하나로 평가된다. "하늘에서 내려온 자"는 성육신하신 로고스를 가리키며(요 1:14), "하늘에 올라간 자"는 십자가– 부활–승천의 상승 구조를 예고한다. 이 구조는 단지 시간적 이동이 아니라, 하늘과 땅을 잇는 유일한 중보자이신 예수님의 정체성을 드러내는 신학적 진술이다(요 6:62, 20:17; 엡 4:9–10; 히 4:14 참고).

바라봄이 곧 믿음이 된다

요 3:14-17 14 모세가 광야에서 뱀을 든 것같이 인자도 들려야 하리니 15 이는 그를 믿는 자마다 영생을 얻게 하려 하심이니라 16 하나님이 세상을 이처럼 사랑하사 독생자를 주셨으니 이는 그를 믿는 자마다 멸망하지 않고 영생을 얻게 하려 하심이라 17 하나님이 그 아들을 세상에 보내신 것은 세상을 심판하려 하심이 아니요 그로 말미암아 세상이 구원을 받게 하려 하심이라

들리심의 예표, 광야의 놋뱀

예수님은 갑작스럽게 광야의 한 장면을 소환하신다. "모세가 광야에서 뱀을 든 것같이 인자도 들려야 하리니." 민수기 21장에서 백성들이 불뱀에 물려 죽어 가던 때, 하나님은 모세에게 놋뱀을 만들어 장대 위에 매달라고 하셨고, 그것을 쳐다보는 자마다 살게 하셨다. 예수님은 자신의 십자가 죽음을 그 장면에 빗대어 말씀하신다. 이것은 유사한 사건이 아니다. 광야에서 들린 놋뱀은 인자가 들리실 것을 예표하는 그림자다. 그리고 이제 실체가 다가오고 있다.

'들리다'는 요한복음에서 십자가의 죽음을 뜻할 뿐 아니라, 그 십자가를 통해 높아지심, 곧 영광의 승화까지 포함하는 이중적 개념이

다.[56] 제자도는 십자가에 달리신 주를 올려다보는 것에서 시작한다.

영생의 문은 믿음이다

왜 예수님은 들리셔야 하는가? "이는 그를 믿는 자마다 멸망하지 않고 영생을 얻게 하려 하심이라." 십자가는 구원의 조건이 아니다. 십자가는 구원의 문이다. 그 문을 통과하게 하는 것은 단 하나, 오직 믿음이다. 이 믿음은 신념이 아니라 들리신 이를 바라보는 응답이다. 그분을 '쳐다보는' 눈길 안에 영생이 깃든다. 제자는 자기가 어떻게 구원받았는지를 아는 사람이다. 구원의 원인을 자기에게서 찾지 않고, 들리신 예수님 안에서 바라보는 사람이다. 그리고 그 바라봄이 곧 믿음이 된다.

하나님이 세상을 이처럼 사랑하사

요한복음의 심장, 복음 전체의 심장이 여기에 있다. "하나님이 세상을 이처럼 사랑하사 독생자를 주셨으니." 이 말씀은 기독교를 기독교 되게 하는 근거다. 복음은 인간의 회심이 아니라, 하나님의 사랑으로부터 시작된다. '이처럼'은 정도와 방식을 모두 포함한다.[57] 하나님

---

56 요한복음에서 '들리다'(휩소오 ὑψόω)는 단순한 고난이 아니라, 십자가와 영광의 통합된 개념으로 사용된다(요 8:28, 12:32). 예수님의 십자가는 수치가 아닌 승리이며, 죽음이 아닌 영광이다. 이 이중적 의미는 요한의 고유한 신학적 표현이다.

57 '이처럼'(후토스 οὕτως)은 헬라어에서 정도(how much)와 방식(how)을 모두 포함하는 부사로, 하나님의 사랑이 단지 크기만이 아니라, '십자가를 통해 보여진 방식'이라는 점을

은 '이만큼' 사랑하셨고, 바로 '그 방식'으로 독생자를 주셨다. 세상이 자격 있어서가 아니다. 세상은 여전히 어둠과 죄 가운데 있으며, 하나님을 알지 못한 채 불뱀에 물린 자들처럼 방황하고 있다. 하나님은 그런 세상을 먼저 사랑하셨다. 제자도는 '사랑받는 자의 응답'이다. 자신이 어떻게 사랑받았는지 아는 자만이 십자가를 통해 진짜 살아난다.

멸망이 아닌 구원, 심판이 아닌 생명

마지막으로 예수님은 사명을 밝히신다. "하나님이 그 아들을 세상에 보내신 것은 세상을 심판하려 하심이 아니요 그로 말미암아 세상이 구원을 받게 하려 하심이라." 예수님의 오심은 심판 선언이 아니라 구원 선포다. 사람들은 종종 예수님을 오해하여 마치 우리를 정죄하고 심판하기 위해 오신 분처럼 여긴다. 그러나 예수님은 멸망을 피하게 하기 위해 오셨다. 이미 심판 아래 놓인 세상 속에, 구원의 방주처럼 들려 오신 분이다. 제자는 이 세상을 향해 심판을 전하는 자가 아니라, 구원을 전하는 자다. 십자가를 높이 드는 손길이 되어야 한다.

강조한다. 하나님은 사랑을 감정으로 품으신 것이 아니라, 독생자를 내어 주는 방식으로 실천하셨다.

요한의 제자도

감추는 어둠, 드러내는 믿음

요 2:18-21 18 그를 믿는 자는 심판을 받지 아니하는 것이요 믿지 아니하는 자는 하나님의 독생자의 이름을 믿지 아니하므로 벌써 심판을 받은 것이니라 19 그 정죄는 이것이니 곧 빛이 세상에 왔으되 사람들이 자기 행위가 악하므로 빛보다 어둠을 더 사랑한 것이니라 20 악을 행하는 자마다 빛을 미워하여 빛으로 오지 아니하나니 이는 그 행위가 드러날까 함이요 21 진리를 따르는 자는 빛으로 오나니 이는 그 행위가 하나님 안에서 행한 것임을 나타내려 함이라 하시니라

심판의 시기는 '그때'가 아니라 '지금'이다

예수님은 믿음과 심판의 관계를 다시 분명히 하신다. "그를 믿는 자는 심판을 받지 아니하는 것이요 믿지 아니하는 자는 하나님의 독생자의 이름을 믿지 아니하므로 벌써 심판을 받은 것이니라." 여기서 핵심은 동사 시제다.[58] 심판은 먼 미래의 형벌이 아니라, 현재적인 실재라는 것이다. 믿음은 지금 살아 있는 구원의 길이며, 불신은 이미 심판의 자리에 서 있는 상태다. 제자도는 '구원에 이를 수도 있는 가능

---

58 '받은 것이니라'(케그리타이 κέκριται)는 완료 시제로 되어 있어, 심판이 미래에 있을 것이라는 개념이 아니라 이미 내려진 상태를 가리킨다. 이는 요한복음이 강조하는 믿음의 즉시성과 현재적 구원의 실재성을 드러낸다. 믿음은 미래가 아니라, 지금 이 순간에 삶의 방향을 결정짓는 분기점이다.

성' 위에 선 것이 아니라, 이미 구원의 확신 위에 서서 살아가는 존재의 방식이다. 예수님은 삶을 미래에 있을 심판의 연장선으로 설명하지 않고, '지금 이 순간'이 믿음으로 응답과 심판받는 분기점임을 밝히신다.

어둠을 사랑한 인간의 본성

왜 사람들은 심판받는가? "빛이 세상에 왔으되 사람들이 … 어둠을 더 사랑한 것이니라." 이 문장은 요한복음의 인간론을 가장 적나라하게 드러낸다. 문제는 단지 행위의 악함이 아니라, 그 악한 행위를 감추고 싶어 하는 마음, 즉 자기중심적 본성 때문이다. 빛은 드러냄이기에 꺼림칙하다. 어둠은 은폐이기에 편안하다. 그래서 사람들은 어둠을 '더 사랑했다'고 말한다.[59]

예수님은 여기서 단호히 밝히신다. '악을 행하는 자는 빛을 미워한다. 왜냐하면 그 행위가 드러날까 두렵기 때문이다.' 이 드러남은 단지 폭로가 아니라 존재의 정체가 드러나는 데서 비롯한 두려움이다. 제자도는 드러남을 두려워하지 않고, 자기를 부인하고 진리를 향해 나아가는 용기다. 예수님은 지금, "빛"이 곧 자신임을 암시하시며 우리

---

59 '사랑했다'(에가페산 ἠγάπησαν)라는 동사는 요한복음 3장 16절에서 하나님이 세상을 사랑하신 표현과 동일한 동사다. 요한은 이를 통해 인간의 타락이 단지 도덕적 악함이 아니라, 사랑의 대상을 잘못 선택한 영적 배반임을 드러낸다. 어둠을 향한 애착은 곧 하나님 사랑에 대한 거부이자 자기를 우상으로 삼는 선택이다.

모두를 그 앞에 세우신다.

빛으로 나아오는 자의 삶

그러나 마지막 절은 희망의 선언이다. "진리를 따르는 자는 빛으로 오나니." 그는 자신의 행위를 하나님 안에서 한 것으로 드러내려 한다. 이것은 자기 공로를 자랑하기 위함이 아니다. 오히려 그 빛이 나를 통해 역사하셨음을 고백하는 삶이다. 빛으로 나아온다는 것은 자신의 존재와 행위의 출처가 하나님임을 인정하는 태도다. 이는 단지 윤리적 삶이 아니라, 영광을 하나님께 돌리는 신앙의 결단이다. 제자도는 '진리를 따르는 자'로서 빛을 향해, 드러남을 향해 나아가면서, 하나님의 영광을 나타내며 살아가는 삶이다.

✦ 제자도 묵상 11 : 영생을 향한 믿음의 길

1. **니고데모는 "어찌 그러한 일이 있을 수 있나이까"** 하며 거듭남을 이해하지 못했다.

   → 제자도는 지식의 한계를 넘어, 성령의 바람을 신뢰하는 길이다.

2. **예수님은 자신을 "하늘에서 내려온 자 곧 인자"**라 선포하셨다.

   → 제자도는 땅의 지혜가 아니라, 하늘에서 오신 분의 증언을 따라 사는 길이다.

3. **예수님은 "인자도 들려야 하리니"**라고 말씀하셨다.

   → 제자도는 십자가에 들리신 주님을 바라보며, 생명을 얻는 길이다.

4. **요한복음은 "하나님이 세상을 이처럼 사랑하사 독생자를 주셨다"**고 증언한다.

   → 제자도는 먼저 주어진 사랑을 기억하고, 응답하는 길이다.

5. **요한복음은 "이는 그를 믿는 자마다 영생을 얻게 하려 하심이라"**고 밝힌다.

   → 제자도는 행위가 아니라, 믿음으로 생명을 붙드는 길이다.

6. **요한복음은 "믿지 않는 자는 벌써 심판을 받은 것이라"**고 선언한다.

   → 제자도는 두려움이 아니라, 주어진 생명 안에 사는 길이다.

7. **요한복음은 "빛이 세상에 왔으되 사람들이 어둠을 더 사랑하였다"**고 드러낸다.

   → 제자도는 어둠을 따르던 삶을 떠나 빛 가운데서 진리를 드러내며 사는 길이다.

◆ 더 깊이 생각하기

1. 본문에서 '하늘에서 내려온 자', '들려야 할 인자', '믿는 자'라는 표현은 어떤 흐름으로 등장하나요? 이 세 표현이 각각 어떻게 연결되며, 예수님의 사역에 대해 어떤 구조를 보여 주고 있나요?

2. 요한복음 3장 16절은 우리가 잘 아는 복음의 핵심입니다. "하나님이 세상을 이처럼 사랑하사 독생자를 주셨으니"라는 이 선언 속에서, "이처럼"이라는 표현은 어떤 감정과 뜻을 담고 있을까요? '멸망하지 않고 영생을 얻는다'는 것은 단지 내세의 보장을 의미할까요, 아니면 현재의 삶에서도 이루어지는 어떤 변화를 뜻할까요?

3. 요한은 "빛이 세상에 왔으되 사람들이 자기 행위가 악하므로 빛보다 어둠을 더 사랑한 것이니라"고 말합니다. 지금 내 삶의 어떤 부분에서 빛을 피하거나 외면하고 있지는 않습니까? 빛 가운데 나아간다는 것은 내 일상에서 어떤 결단을 의미할까요?

12장

어려운 선택, 내려놓음

예수님과 니고데모의 밤중 대화는 인간의 한계를 넘어선 하늘의 계시와 사랑으로 우리를 이끌었다. '그를 믿는 자는 멸망하지 않고 생명을 얻는다'는 복음의 심장부 앞에서, 제자도는 단지 '알고 따르는 것'이 아니라 '믿고 드러내는 삶'이라는 사실이 드러났다.

그리고 이제 무대는 또 다른 증언의 자리, 곧 세례 요한의 마지막 고백으로 전환된다. 요한의 제자들은 예수님이 요단 건너편에서 세례 베푸시는 것을 보고, '모든 사람이 그에게로 간다'고 말하며 불편함을 표한다. 예수께 사람들이 몰려드는 이 상황은 오늘날의 사역과 명성, 영향력의 자리에서 누구나 경험할 수 있는 정체성의 흔들림을 보여준다.

그러나 바로 그 자리에서 요한은 담담히 말한다. "나는 그리스도가 아니요 … 그는 흥하여야 하겠고 나는 쇠하여야 하리라"(요 3:28-30). 이 말은 겸손의 표현이 아니다. 그것은 참된 제자도란 누구를 드러내는 삶인가를 분명히 선언하는 고백이다. 이 장은 제자도가 가야 할 '자리를 내려놓는 길', 그리고 중심이 이동하는 시대 안에서 예수님만이 높아져야 할 유일한 분이심을 인정하는 믿음의 자세를 깊이 들여다보게 할 것이다.

누구를 중심에 둘 것인가

요 3:22-26   22 그 후에 예수께서 제자들과 유대 땅으로 가서 거기 함께 유하시며 세례를 베푸시더라 23 요한도 살렘 가까운 애논에서 세례를 베푸니 거기 물이 많음이라 그러므로 사람들이 와서 세례를 받더라 24 요한이 아직 옥에 갇히지 아니하였더라 25 이에 요한의 제자 중에서 한 유대인과 더불어 정결 예식에 대하여 변론이 되었더니 26 그들이 요한에게 가서 이르되 랍비여 선생님과 함께 요단강 저편에 있던 이 곧 선생님이 증언하시던 이가 세례를 베풀매 사람이 다 그에게로 가더이다

사역의 자리가 겹치던 시기

예수님과 세례 요한은 각기 다른 지역에서 세례를 베풀고 있었다. 요한은 애논에서, 예수님은 유대 땅에서 제자들과 함께 머물며 사역

을 이어 갔다. 아직 요한이 옥에 갇히기 전,[60] 두 사역이 겹치고 교차되는 시기였다. 두 사람의 사역이 겹치면서 자연스레 비교될 수 있는 민감한 시점이었다. 사람들은 요한에게 세례를 받기 위해 왔고, 다른 무리는 예수님을 향했다. 그때 요한의 제자들은 정결 예식 논쟁을 계기로 불편함과 긴장을 더 깊이 느끼게 된다. 제자도는 영향력이 겹치는 상황에서 자신을 어떻게 보는가에 대한 질문을 피하지 않는다.

흔들리는 제자들의 시선

요한의 제자들 중 몇 명은 한 유대인과 정결 예식에 대한 변론을 벌인다. 아마도 요한의 세례와 예수님의 세례, 또는 유대인의 전통적 정결 예식이 비교되었을 것이다. 이 논쟁은 단순한 신학적 의견 차이가 아니다. 그들에게는 점점 예수께로 사람들이 몰려간다는 현실이 더 큰 충격이었을 것이다. 그들은 요한에게 와서 말한다. "랍비여, 선생님이 증언하시던 그 사람이 지금 세례를 베풀고 있습니다. 모든 사람이 그에게로 가고 있습니다!" 이 말에는 의문과 불안, 비교와 경쟁, 그리고 그들의 사역이 빛을 잃어 간다는 당혹스러움이 섞여 있다. 이 장면은 지금도 수많은 교회와 사역자, 그를 따르는 공동체가 경험하는 사

---

60 이 삽입구는 요한복음의 독특한 편집적 관점이다. 공관복음(마 4:12; 막 1:14; 눅 3:20)에서는 세례 요한의 투옥 이후 예수님의 공적 사역이 본격화되지만, 요한복음은 유일하게 일정 기간 세례 요한과 예수님의 사역이 병행되었음을 보여 준다. 이는 예수님의 우월성과 요한의 자기 위치 인식을 더 극적으로 보여 준다.

요한의 제자도

역의 자리 이동, 중심성 상실, 영향력의 재편을 고스란히 보여 준다.

누구를 중심에 둘 것인가의 선택

요한의 제자들은 예수님의 흥함을 위협으로 느꼈다. 그들은 "선생님이 증언하시던 이"임을 알면서도, 사람들이 그분에게로 가는 현실을 받아들이지 못했다. 그들에게 중요한 것은 사역의 결과와 영향력, 곧 중심에 누가 있는가였다. 제자도는 '나'라는 중심을 내려놓고, 진짜 주인이 누구인가를 인정하며 살아가는 존재적 전환이다. 요한의 제자들은 그 경계선에 서 있었고, 이제 요한은 그들에게 복음에서 가장 중요한 응답을 할 것이다.

그는 흥하고 나는 쇠하여야 하리라

요 3:27-30 27 요한이 대답하여 이르되 만일 하늘에서 주신 바 아니면 사람이 아무것도 받을 수 없느니라 28 내가 말한 바 나는 그리스도가 아니요 그의 앞에 보내심을 받은 자라고 한 것을 증언할 자는 너희니라 29 신부를 취하는 자는 신랑이나 서서 신랑의 음성을 듣는 친구가 크게 기뻐하나니 나는 이러한 기쁨으로 충만하였노라 30 그는 흥하여야 하겠고 나는 쇠하여야 하리라 하니라

사역의 주인은 하늘에 계신다

요한은 제자들의 불안과 경쟁의식을 보며 한 문장으로 일침한다. "하늘에서 주신 바 아니면 사람이 아무것도 받을 수 없느니라." 그는 영향력이나 숫자의 문제가 아니라, 사역의 출처가 하나님께 있음을 먼저 고백한다. 모든 부르심과 사명은 하늘로부터의 선물이며, 자신이 받은 자리를 지키는 것이 사역자의 본질이라는 말이다. 제자도는 자기 사역을 움켜쥐는 것이 아니라, 하늘에서 맡기신 자리와 몫을 감사한 마음으로 감당하는 길이다.

자기 자리 지키기

요한은 거듭 말한다. "나는 그리스도가 아니요 그의 앞에 보내심을 받은 자"다. 이 단순하지만 명확한 고백은 제자도의 정체성을 드러내는 선언이다.

"나는 중심이 아니다."

"나는 구원자가 아니다."

"나는 보내심을 받았을 뿐이다."

제자도는 자기 역할을 분명히 알고, 자신의 위치와 사명을 혼동하지 않는 길이다. 예수님을 드러내기 위해 자신을 감추는 것이 제자의 태도다.

요한의 제자도

신랑 친구의 기쁨

요한은 비유를 사용해 자신의 감정을 드러낸다. "신부를 취하는 자는 신랑이나 서서 신랑의 음성을 듣는 친구가 크게 기뻐하나니." 요한은 자신이 신랑이 아님을 전혀 아쉬워하지 않는다. 오히려 신랑 되신 예수님의 목소리를 듣는 기쁨으로 충만하다고 말한다. 제자도는 내가 중심이 되지 않아도 기뻐할 수 있는 영적 자유를 의미한다. 진짜 주인공이 등장할 때 한 걸음 뒤로 물러서며 기뻐할 수 있는 것이 성숙한 자세다.

내적 순종의 길

"그는 흥하여야 하겠고 나는 쇠하여야 하리라." 이 고백은 단지 겸손한 말이 아니다. 제자도의 핵심 선언이며, 요한복음 전체에서 가장 강력한 자기 부인의 문장이다. 여기서 '~하여야 하리라'는 헬라어로 '필연', '하나님의 뜻', '구속사의 흐름'을 의미한다.[61] 예수님의 부상은 필연이며, 요한의 퇴장은 하나님의 뜻을 따라 이루어지는 길이다. 제자도는 예수님이 높아지시고 나는 사라지는 것을 기꺼이 받아들이는 내적 순종의 길이다. 내가 중심이 되지 않아도 예수님만 드러난다면 족하다는 고백이 제자도의 결론이다.

---

61 '하여야 하리라'(데이 δεῖ)는 단순한 당위가 아니라 하나님의 계획과 구속사의 필연을 뜻한다. 요한복음에서 '데이'(δεῖ)는 예수님의 십자가(요 3:14), 부활, 영광 등을 설명할 때 반복되어 나타나며, 여기서는 요한의 쇠함조차도 하나님의 섭리 안에 있음을 말한다.

◆ 제자도 묵상 12 : 그는 흥하고 나는 쇠하는 길

1. 사람들이 점차 예수님께 모이자, 요한의 제자들은 불안해졌다.
  → 제자도는 영향력이 변화하는 가운데에서도 중심을 하나님께 두는 길이다.

2. 요한의 제자들은 "사람이 다 그에게로 가더이다"라며 위기감을 드러냈다.
  → 제자도는 자리가 줄어들어도 하나님의 뜻을 기뻐하는 길이다.

3. 요한은 "하늘에서 주신 바 아니면 사람이 아무것도 받을 수 없다"고 말했다.
  → 제자도는 하나님이 주체이심을 인정하고, 맡은 자리를 감당하는 길이다.

4. 요한은 "나는 그리스도가 아니요 그의 앞에 보내심을 받은 자"라 선포했다.
  → 제자도는 자신의 정체를 분명히 알고, 주님의 영광을 앞세우는 길이다.

5. 요한은 "신랑의 음성을 듣는 친구가 크게 기뻐한다"고 말했다.
  → 제자도는 내가 중심이 아니어도 기뻐할 수 있는 자유의 길이다.

6. 요한은 "이러한 기쁨으로 충만하였노라"고 고백했다.
  → 제자도는 예수님이 드러나시는 것에서 만족을 얻는 기쁨의 순례자로 살아가
    는 길이다.

7. 마침내 요한은 "그는 흥하여야 하겠고 나는 쇠하여야 하리라"고 선언했다.
  → 제자도는 예수님이 높아지시고 나는 낮아지는 것을 기쁨으로 여기는 길이다.

✦ 더 깊이 생각하기

1. 본문에서 요한의 제자들은 "사람들이 모두 예수께로 간다"고 말합니다. 이 상황에서 요한은 "나는 그리스도가 아니다"라고 하며 "그의 앞에 보내심을 받은 자"일 뿐이라고 고백합니다. 왜 요한의 제자들은 불안해했고, 요한은 오히려 기뻐했을까요?

2. "그는 흥하여야 하겠고 나는 쇠하여야 하리라"(요 3:30). 이 유명한 구절에는 예수님의 주권과 요한의 자기 위치에 대한 분명한 인식이 담겨 있습니다. 요한이 '쇠하는 것'을 두려워하지 않았던 이유는 무엇일까요?

3. 오늘날 나의 일상과 사역 안에서 '나는 쇠하고 예수님은 흥해야 할' 자리는 어떤 곳일까요? 누군가에게 길을 열어 주고, 스스로는 뒤로 물러나야 하는 순간에 나는 어떻게 반응합니까?

13장
하늘의 기준으로 사는 법

"그는 흥하여야 하겠고 나는 쇠하여야 하리라"(요 3:30). 요한의 이 고백은 제자도의 여정에서 '내가 사라지고 예수님이 드러나시는 삶'이 무엇을 의미하는지를 깊이 새기게 한다. 그러나 그 고백의 끝에서, 우리는 한 가지를 더 물어야 한다. "도대체 예수님이 누구시기에, 그분이 흥하여야만 하는가? 그분의 부상은 왜 나의 쇠퇴보다 더 본질적인 일인가?" 요한복음은 이 물음에 단호히 답한다. 그분은 "위로부터 오시는 이"(요 3:31)이기 때문이다. 그분은 하늘로부터 오셨고, 모든 것 위에 계시며, 하나님의 말씀을 하시는 분이다. 그분은 단지 영향력의 중심이 아니라, 존재의 근원이시다.

이제 요한의 목소리는 잠잠해지고, 요한복음의 저자 혹은 공동체가 고백적 선언으로 응답한다. 이 본문은 단지 한 인물의 고백을 넘어서 믿는 자의 신앙 태도, 곧 그분의 증언을 '받아들인 자'와 '받아들이지 않는 자'의 분기점을 드러낸다. 제자도란 따르는 것만이 아니라, 하늘로부터 오신 분의 말씀을 받아들이는 삶의 방향성이다. 그분의 증언을 진리로 인정하는 자만이 세상의 시선이 아닌 하늘의 기준으로 사는 법을 배운다.

위로부터 오시는 이, 만물 위에 계신 분

요 3:31 위로부터 오시는 이는 만물 위에 계시고 땅에서 난 이는 땅에 속하여 땅에 속한 것을 말하느니라 하늘로부터 오시는 이는 만물 위에 계시나니

위로부터 오시는 이

요한은 분명히 말한다. "위로부터 오시는 이는 만물 위에 계시고 땅에서 난 이는 땅에 속하여 땅에 속한 것을 말하느니라 하늘로부터 오시는 이는 만물 위에 계시나니." 이 말씀은 단 한 번이 아니라, 바로 한 절 안에서 두 번씩 반복된다. 대조해서 보면 다음과 같다.

위로부터 오시는 이는 만물 위에 계시고

　땅에서 난 이는

　　땅에 속하여

땅에 속한 것을 말하느니라

하늘로부터 오시는 이는 만물 위에 계시나니

‘위로부터[하늘로부터] 오시는 이’가 두 번, ‘만물 위에 계신다’가 두 번 거듭 반복되고 있다. 이중 반복은 단지 수사를 위한 장식이 아니다. 요한복음은 강조하고자 할 때 반복을 통해 계시의 무게를 전달한다. 특히 이 표현은 요한복음 3장 3절에서 예수님이 니고데모에게 하신 말씀과 구조적으로 연결된다.[62] “사람이 거듭나지 아니하면 하나님의 나라를 볼 수 없느니라.” 여기서 ‘거듭나다’는 ‘위로부터 태어나다’라는 말이다. 즉 예수님은 “위로부터 오시는 이”이시며, 우리는 ‘위로부터 태어나야 하는 자’라는 사실이다.

이 둘은 요한복음의 기독론과 제자론의 축 구조를 형성한다. 예수님은 위로부터 오시고, 우리는 위로부터 태어난다. 예수님은 만물 위에 계시며, 우리는 하나님의 나라를 볼 수 있게 된다. 이는 곧 그분이 거듭남의 원형이며 기원이심을 보여 준다.

---

62 “위로부터 오시는 이”(호 아노센 에르코메노스 ὁ ἄνωθεν ἐρχόμενος)라는 표현은 요한복음 3장 3절의 “거듭나지 아니하면”(겐네데 아노센 γεννηθῇ ἄνωθεν)과 구조상 짝을 이룬다. 이는 예수께서 단지 위로부터 오시는 존재일 뿐 아니라, 우리를 위로부터 태어나게 하시는 분임을 강조한다.

요한의 제자도

땅에서 난 자, 유한성의 한계

"땅에서 난 이는 땅에 속하여 땅에 속한 것을 말하느니라." 여기서 '땅'(게 γῆ)은 죄악 된 세계로서의 '세상'(코스모스 κόσμος)과 구별된다.[63] 요한은 죄성보다는 유한성과 제한성, 인간 조건의 한계를 말하고 있다. "땅에서 난 이"는 본질적으로 하늘을 볼 수 없고, 하늘의 계획을 알 수 없으며, 오직 땅의 것을 말할 수밖에 없는 존재다. 요한은 이 삼중 반복을 통해 말한다.

> 땅에서 난 이는
> 땅에 속하여
> 땅에 속한 것을 말하느니라

이는 바로 앞에서 '만물 위에 계신' 예수님과의 대조를 더 극적으로 만든다. 제자도는 예수님이 "위로부터 오시는 이"라고 고백할 뿐 아니라, "나는 땅에서 나서 땅의 것만 말하는 존재"였음을 인정하는 길이다.

세례 요한과 니고데모, 두 땅의 사람

이 구절은 누구를 가리키는 것일까? 직접적으로는 요한복음 3장

---

63 요한복음은 '게'(γῆ, 땅)와 '코스모스'(κόσμος, 세상)를 구별하여 사용한다. '게'(γῆ)는 제한된 인간 조건과 유한성을, '코스모스'(κόσμος)는 죄악 된 질서와 대적하는 세상을 나타낸다.

에 등장한 니고데모와 세례 요한 모두를 포함한다. 니고데모는 여전히 땅의 이해 안에 있었고, 세례 요한 역시 위로부터 온 자는 아니었다. 그러나 요한은 자신의 자리를 알고, 예수님의 높아짐을 인정했기에 자신을 감추고 그분을 높이는 제자도의 표본이 되었다. 요한복음의 저자는 두 인물의 상반된 응답을 통해 땅의 존재가 위로부터 오신 분 앞에서 어떤 길을 택할지를 보여 주고 있다.

제자는 보고 들은 것을 증언한다

요 3:32　그가 친히 보고 들은 것을 증언하되 그의 증언을 받는 자가 없도다

"보고 들은 것"의 계시, 직접성과 절대성

예수님의 증언은 "그가 친히 보고 들은 것"에 근거한다. 그분은 누구에게 전해 들은 것이 아니라 하늘에서 보고, 하나님에게서 직접 들은 것을 말씀하신다. 이 말은 요한복음 전체에서 반복된다. "나는 내 뜻대로 말하지 아니하노라"(요 8:28). "아버지께서 내게 명하신 그대로 전하노라"(요 12:49-50). 예수님의 말씀은 계시된 진리를 직접 발언하신 것이며, 그 자체가 하나님의 음성이다. 제자도는 이 말씀을 경청하는 삶이다. 그분은 지금도 증언하신다. 하늘의 진리를, 하나님의 뜻을,

보신 그대로, 들으신 그대로 말씀하신다. 나는 지금 무엇을 듣고 있는가? 그리고 그 말씀을 어떻게 받고 있는가?

"받는 자가 없도다", 계시의 배척

"그의 증언을 받는 자가 없도다"라는 구절은 충격적이다. 예수님이 하늘의 진리를 말씀하시는데도 그분의 증언을 받는 이가 없다고 말한다. 이것은 문자 그대로 '0명'이라는 의미라기보다, 그 증언이 세상에서 철저히 거부당하고 있는 현실을 표현한 것이다. "빛이 어둠에 비치되 어둠이 깨닫지 못하더라"(요 1:5)라는 말씀과 같은 상황이다. 왜 받아들이지 않을까?

◇ 그 말씀은 낯설고 불편하다.
◇ 땅의 지식과 어긋난다.
◇ 자기를 부인하고 예수를 절대 주로 인정해야 한다.

그렇기에 대부분은 듣는 척하되 거절한다. 이해하는 척하되 외면한다. 진리는 여전히 외롭고, 계시는 언제나 저항을 받는다. 제자도는 받아들여지지 않는 말씀을 끝까지 붙드는 사람의 길이다. 세상의 다수가 예수님의 증언을 외면해도, 나는 그것을 진리로 믿는가?

소수의 길, 예수의 증언을 받아들이는 자

이 부정적 선언은 오히려 진짜 제자의 자리를 더욱 분명하게 만든다. 예수님의 증언을 받지 않는 세상 한복판에서, 그분의 증언을 받아들이는 사람은 하나님의 참되심을 드러내는 자(요 3:33)가 된다. 제자도란 계시가 외면받는 시대에, 그 말씀을 자기 존재에 새기는 소수의 길이다. 그는 '받는다'라는 단어처럼 그 말씀을 품고, 지니고, 살아 내는 삶을 선택한 사람이다.[64]

믿을 때 하나님이 참되시다는 도장이 찍힌다

요 3:33   그의 증언을 받는 자는 하나님이 참되시다는 것을 인 쳤느니라

"그의 증언을 받는 자", 드문 선택, 분명한 응답

앞절인 32절에서는 "그의 증언을 받는 자가 없도다"라고 했다. 33절에서는 그러나 그런 와중에도 받는 이가 있다고 말한다. 그 한 사람, 그 소수는 말씀을 들었고, 믿었고, 삶으로 받아들였다. 여기

---

64   헬라어 '람바노'(λαμβάνω)는 단순히 듣는 것이 아니라, 붙잡아 자기 것으로 삼는 적극적인 수용을 의미한다. 요한복음에서 이 단어는 "말씀이 육신이 되어 우리 가운데 거하시매"(요 1:14), "영접하는 자 곧 그 이름을 믿는 자들"(요 1:12)과도 연결된다. 여기서 제자는 말씀을 영접하여 삶에 이식하는 존재로 그려진다.

서 '받는 자'(라본 λαβών) 역시 32절에서와 마찬가지로 헬라어 '람바노'(λαμβάνω)이며, '붙잡다', '받아들여 소유하다'라는 뜻이다. 이것은 수동적 듣기가 아니라 능동적 수용이다. 말씀을 받았다는 것은 그 말씀에 도장을 찍고, 존재를 내맡긴 것이다. 제자도는 예수님의 증언을 전인격적으로 받아들이는 결단의 삶이다.

"하나님이 참되시다", 신앙의 근원적 선언

그 말씀을 받아들인 자는 결국 하나님이 참되시다는 고백을 하게 된다. "하나님은 거짓이 없으시다", "예수님의 증언은 하나님에게서 온 것이다", "하나님이 말씀하시고, 나는 그것을 진리로 받는다." 이 고백은 단순한 감정이나 긍정이 아니다. 제자도는 진리와 감각 사이에서, 하나님의 참되심을 더 신뢰하는 쪽을 선택하는 삶이다. 이것은 하나님이 옳고, 나는 틀릴 수 있다는 것을 받아들이는 자세다. 그분이 말씀하시고 나는 순종하며, 그 순종 속에서 하나님은 참되시다는 것이 삶으로 증명된다.

"인 쳤느니라", 삶에 새겨진 도장

이 표현은 요한복음에서 단 한 번 등장한다. '인 쳤다'(에스프라기센 ἐσφράγισεν)는 말은 '도장을 찍다', '진위를 확인하다', '표식을 남기다'

라는 뜻이다.[65] 이는 고린도후서 1장 22절, 에베소서 1장 13절, 요한계시록 7장 등에서도 성령이 우리 안에 인 치시는 장면과 연결된다. 그러나 33절에서는 "하나님이 참되시다"는 사실을 그 사람의 삶이 도장을 찍듯 증명한다는 의미로 사용되었다. 즉 제자는 말씀을 받을 뿐 아니라, 그 말씀으로 "하나님은 참되시다"라고 자신의 존재에 도장을 새기는 자다. 제자도는 말씀을 받아들이고, 그 말씀의 진리를 자신의 삶으로 인 치는 길이다.

---

65 헬라어 '스프라기조'(σφραγίζω)는 고대 문서에 인장(도장)을 찍는 행위로, 소유, 진위, 확인, 보호 등을 나타낸다. 요한복음 3장 33절에서 이 동사는 하나님의 참되심을 '삶으로 증명하는 신자'의 태도를 나타내며, 제자의 존재가 곧 하나님에 대한 인장이 되는 길을 보여 준다.

Discipleship

✦ 제자도 묵상 13 : 하늘의 말씀을 받아들이는 길

1. 예수님은 '위로부터 오시는 이'로서 '만물 위에' 계신다.

→ 제자도는 예수님의 하늘 기원과 절대적 권위를 인정하는 고백의 삶이다.

2. 그분은 하늘에서 보고 들은 것을 증언하신다.

→ 제자도는 자기 생각이나 감정이 아닌, 계시된 말씀에 근거해 사는 길이다.

3. 예수님의 증언은 세상에서 환영받지 못하고 배척당한다.

→ 제자도는 다수가 외면하는 진리를 소수의 신실함으로 붙드는 결단이다.

4. 그분의 증언을 받아들이는 자는 하나님이 참되심을 믿는다.

→ 제자도는 하나님의 진실성과 신뢰성에 삶을 맡기는 내적 태도에서 비롯된다.

5. '받는다'는 것은 단지 동의가 아니라 말씀을 자기 것으로 품는 일이다.

→ 제자도는 말씀을 내면화하여, 삶의 중심으로 살아 내는 길이다.

6. 하나님의 참되심을 '인 쳤다'는 말은 삶에 새긴 신앙의 도장을 의미한다.

→ 제자도는 하나님의 진리를 삶으로 증명하는 인 침의 여정이다.

7. 제자는 예수님의 증언 앞에 순복하여 하나님의 참되심을 드러내는 증인이다.

→ 제자도는 하늘의 진리를 품고, 땅의 현실에서 살아 내는 복음의 도장이다.

✦ 더 깊이 생각하기

1. 본문에서 "위로부터 오시는 이는 만물 위에 계시고 땅에서 난 이는 땅에 속하여 땅에 속한 것을 말하느니라"고 합니다. 이 표현은 예수님과 인간의 본질적인 차이를 어떻게 드러내고 있나요?

_____

_____

_____

2. "그가 친히 보고 들은 것을 증언하되 그의 증언을 받는 자가 없도다." 예수님의 증언은 왜 받아들여지지 않았을까요?

_____

_____

_____

3. "그의 증언을 받는 자는 하나님이 참되시다는 것을 인 쳤느니라"에서 '인 쳤다'는 표현은 단순한 수용을 넘어 어떤 신앙의 결단을 말하나요?

_____

_____

_____

14장

제자는 예수의 통치를 받는 자다

하늘로부터 오신 이의 증언을 받아들이는 삶은 무엇일까? 그 삶은 단순히 정보를 수용하는 삶이 아니다. 그분의 말씀을 듣고 믿는 자에게는 새로운 차원의 실재, 곧 '영생'이 열리기 시작한다. 그리고 이 믿음은 곧 말씀과 성령, 사랑과 순종의 결합으로 이어진다. 요한복음 3장은 이제 마지막 절정으로 흐른다. 하늘로부터 오신 분인 예수 그리스도를 "하나님이 보내신 이"(요 3:34)로 받아들이는 자는 그분이 전하신 말씀 안에서 성령을 경험하고, 사랑을 알고, 영생을 얻게 된다. 본문은 요한복음 전체에 흐르는 '말씀-성령-사랑-믿음-생명'이라는 축을 가장 압축적이고 응축된 언어로 드러낸다.

반면, 그분을 믿지 않고 거역하는 자는 생명을 보지 못하며, 하나님의 진노 아래 머물게 된다. 이 대비는 단호하고 명확하다. 제자도란 결국 누구를 믿고 따르느냐에 대한 선택이며, 그 선택은 지금 여기서 시작된 영원의 방향을 결정짓는다. 이제 제자도는 말씀을 듣는 자에서 말씀을 믿고 살아 내는 자로 옮겨 간다.

제자의 영적 호흡

요 3:34 하나님이 보내신 이는 하나님의 말씀을 하나니 이는 하나님이 성령을 한량없이 주심이니라

보내심을 받은 자, 말씀을 말하시는 자

요한복음은 예수님을 "하나님이 보내신 이"로 소개한다. 이 말은 단순한 파견 이상의 의미를 지닌다. 구약에서 선지자들은 하나님의 말씀을 위임받아 선포했지만, 예수님은 그와 다르시다. 그분은 말씀을 위임받은 자가 아니라, 말씀 자체이신 분이다(요 1:1). 그렇기에 그분은 하나님의 말씀을 '대신' 말하는 것이 아니라, 하나님의 말씀을 본래의 언어로, 하늘의 음성 그대로 증언하신다. 제자도는 예수님의 말씀을 인간의 지혜나 조언이 아닌, 하나님의 진리로 받아들이는 삶이다. 예수님의 말씀은 인간의 말처럼 들리지만, 그 안에는 하늘의 권위와 생명이 담겨 있다.

하나님은 성령을 측량없이 주신다

예수님이 하나님의 말씀을 하시는 이유는 "하나님이 성령을 한량

없이" 주셨기 때문이다. 이 구절은 요한복음에서 매우 독특한 신학을 드러낸다. 헬라어 원문은 이렇게 말한다. "하나님은 성령을 '측량 없이' 주신다"(우 가르 에크 메트루 디도신 토 프뉴마 οὐ γὰρ ἐκ μέτρου δίδωσιν τὸ πνεῦμα).[66]

예수님은 성령을 제한 없이 받은 분이시며, 그 성령 안에서 하나님의 말씀을 온전히 보고, 듣고, 전하신다. 제자도는 성령 없이 예수님의 말씀을 이해하려 하지 않는 겸손한 자세로 시작된다. 말씀은 성령의 조명 없이 들리지 않는다. 예수님은 성령 안에서 말씀하셨고, 제자는 성령 안에서 그 말씀을 듣는다.

성령과 말씀의 일치, 제자의 영적 호흡

요한복음 1장에서는 '성령이 비둘기같이 내려 그 위에 머물렀다'고 말했고(요 1:33), 본문인 34절은 그 성령이 한량없이 주어졌다고 말한다. 이것은 곧 예수님 안에서 말씀과 성령이 완전하게 결합되어 있음을 보여 준다. 예수님의 제자로 산다는 것은 성령으로 인해 그 말씀이 들리고, 성령 안에서 살아지게 되는 경험이다. 제자도는 말씀을 읽고 듣는 것으로 끝나지 않는다. 성령으로 해석하고, 성령으로 살아 내는

---

66 "한량없이"는 헬라어 '에크 메트루'(ἐκ μέτρου, 측량대로)와 반대 개념으로, 하나님이 예수 그리스도에게 제한 없이, 전폭적으로 성령을 부으셨음을 뜻한다. 이는 예수님의 권위와 말씀, 행하심이 온전한 성령의 흐름 속에서 이루어졌음을 보여 주며, 제자는 이러한 성령-말씀의 통합 속에서 진리를 살아가는 존재임을 알 수 있다.

제자의 내적 호흡이 필요하다.

아들을 사랑하사 만물을 그의 손에 주셨다

요 3:35 아버지께서 아들을 사랑하사 만물을 다 그의 손에 주셨으니

아버지의 사랑과 전권 위임

요한복음은 일관되게 하나님 아버지와 아들 예수님의 사랑을 강조한다. 하지만 이 사랑은 단지 감정적 애착이나 친밀성 표현이 아니라, 사명을 위임하고 권한을 넘기는 사랑으로 드러난다. "아버지께서 아들을 사랑하사"라고 할 때의 '사랑'은 만물을 그 손에 맡기는 사랑이다. 단지 마음으로 사랑하신 것이 아니라, 역사 전체를 그 손에 위임하셨다. 제자도는 예수님의 권위가 아버지의 사랑과 위임에 근거하고 있다고 인식한다. 그분은 스스로 높아지신 것이 아니라, 아버지로부터 모든 것을 받으셨다.

창조부터 회복까지 위임하셨다

이 구절은 요한복음 전체를 관통하는 위임의 신학(delegation theology)의 핵심 구절이다. '만물'(판타 πάντα)이란 표현은 '생명과 심판'(요 5:22 – 27), '양과 양의 문'(요 10:27 – 30), '죽음과 부활의 권세'(요 11장), 그리고

'최후의 승리'(요 17:2)까지 포괄한다.[67] 즉 하나님은 아들에게 단지 종교적 사역을 맡기신 것이 아니라, 창조와 구속, 심판과 회복까지 포함한 전권을 위임하신 것이다. 제자도는 예수님을 구원자일 뿐 아니라, 내 삶 전체를 맡길 유일한 주권자로 고백하는 것이다.

제자도는 사랑의 통치 아래로 들어가는 응답이다

이 말씀은 단지 예수님의 권위를 선포하는 것이 아니라, 그 권위가 아버지의 사랑에서 기원했다는 사실을 보여 준다. 예수님의 권세는 사랑 위에 세워졌고, 그 사랑은 만물을 다시 회복하는 데 쓰인다. 제자도란 이 통치를 두려움으로 피하는 것이 아니라, 사랑의 위임 안으로 기쁘게 들어가는 응답이다. 예수님의 손에 모든 것을 맡기신 하나님처럼, 우리 또한 모든 것을 그분의 손에 맡기며 신뢰하는 것이 제자도의 출발점이다.

믿음은 순종을 낳고 불신은 거부로 드러난다

요 3:36 아들을 믿는 자에게는 영생이 있고 아들에게 순종하지 아니

---

67 "만물을 그의 손에 주셨다"는 말은 요한복음 13장 3절, 17장 2절 등에서 반복되며, 예수 그리스도가 창조와 심판, 생명과 진리를 통치하는 전권을 위임받은 분이심을 나타낸다. 이는 단지 신적 능력을 강조한 표현이 아니라, 아버지의 사랑에 뿌리내린 통치 구조를 드러낸다.

하는 자는 영생을 보지 못하고 도리어 하나님의 진노가 그 위에 머물러 있느니라

믿음은 영생으로 연결된다

"아들을 믿는 자에게는 영생이 있고." 이 말씀은 현재형으로 선언된 확정적인 복음 메시지다. 영생은 미래의 보상이 아니라, 지금 여기서 시작되는 생명의 상태다. 요한복음에서 '믿는다'(피스튜오 πιστεύω)는 것은 단순한 인지적 동의가 아니라, 신뢰하고 의탁하며 따르는 관계의 헌신을 뜻한다. 믿음은 곧 관계의 전환이며, 존재의 방향 전환이다. 제자도는 예수님을 믿음으로 생명을 소유하는 현재형의 여정이다. 믿는다는 것은 그분 안에서 살아간다는 뜻이며, 그때 생명은 단지 주어지는 것이 아니라, 내 안에서 흘러넘치신다.

순종하지 않는 자는 생명을 보지 못한다

"아들에게 순종하지 아니하는 자는 영생(생명)을 보지 못하고." 여기서 '순종하지 않다'는 단순한 불복종이 아니라, 설득을 거부하고 권위를 의도적으로 거절하는 태도를 의미한다.[68] 즉 이 구절은 믿지 않

---

68 '순종하지 않는다'는 의미의 '아페이테오'(ἀπειθέω)는 헬라어로 불신과 불복종이 결합된 상태를 나타낸다. 이는 단지 '행동하지 않는 것'이 아니라, 설득을 고의적으로 거부하고 진리를 거슬러 반응하는 태도를 뜻한다. 따라서 요한복음 3장 36절에서 믿음과 불신은 중립 없는 결정적 두 방향의 삶을 나타낸다.

는 자는 단순히 중립적이거나 무지한 것이 아니라, 능동적으로 진리를 거절하고 불신을 선택한 자라는 의미다. 그 결과 생명을 보지 못한다.

요한복음에서 생명은 하나님과의 연합과 그 임재 속에 거하는 삶을 의미한다. 그러므로 생명을 보지 못한다는 것은 하나님과의 단절, 그리고 존재의 궁극적 어둠에 머무는 것을 의미한다. 제자도는 말씀을 거절하지 않는 용기이며, 기꺼이 설득당하는 자가 취하는 겸손한 순복이다. 믿음은 언제나 순종으로 열매 맺고, 불신은 결국 거부로 드러난다.

하나님의 진노가 그 위에 머물러 있다

"도리어 하나님의 진노가 그 위에 머물러 있느니라." 이 구절은 요한복음에서 '진노'(오르게 ὀργή)가 유일하게 등장하는 본문이다. 여기서 '머물러 있다'(메네이 μένει)라는 동사는 지속적이고 고정된 상태를 뜻한다. 즉 하나님의 진노는 미래의 불확정적 심판이 아니라, 지금 이미 임한 현재형의 심판 상태다. 요한복음에서 심판은 미래형보다도 예수님을 믿지 않는 현재의 상태 자체가 심판이라는 점에서 실존적이고 즉각적이다(요 3:18). 제자도는 하나님의 진노가 거두어지고, 생명이 시작된 상태를 살아가는 삶으로의 전환이다. 믿음은 생명으로의 이동이며, 불신은 진노 아래 계속 머무는 상태를 지속하는 것이다.

Discipleship

✦ 제자도 묵상 14 : 보내신 이를 믿고 따르는 길

1. **예수님은 하나님이 보내신 분으로서, 오직 하나님의 말씀을 대언하신다.**
   → 제자도는 예수님의 말씀을 곧 하나님의 말씀으로 듣는 신뢰의 길이다.

2. **예수님은 성령을 한량없이 받으신 분이다.**
   → 제자도는 성령 안에서 말씀을 듣고, 그 조명 아래 순종하는 삶이다.

3. **아버지께서 아들을 사랑하사 만물을 그의 손에 주셨다.**
   → 제자도는 예수님께 나의 삶 전체를 맡기며 사는 사랑의 응답이다.

4. **예수님은 종교 지도자가 아니라 만물을 통치하는 구속의 주권자이시다.**
   → 제자도는 내 인생의 주인이 바뀌는 권위의 전환을 받아들이는 여정이다.

5. **아들을 믿는 자에게는 이미 영생이 있다.**
   → 제자도는 미래의 소망을 넘어, 지금 생명을 살아 내는 현재의 삶이다.

6. **아들을 거절하는 자는 생명을 보지 못하고, 하나님의 진노 아래 머무르게 된다.**
   → 제자도는 불신의 길을 떠나 빛과 생명을 향해 나아가는 결단이다.

7. **제자란 말씀을 듣고 성령과 믿음으로 반응하며, 아들의 통치 아래 살아가는 사람이다.**
   → 제자도는 보내신 이를 믿고 따르며, 그의 통치 안으로 들어가는 여정이다.

요한의 제자도

✦ 더 깊이 생각하기

1. 예수님은 "하나님이 보내신 이"로서 말씀을 전하시며, 성령을 "한량없이" 받은 분이십니다. 예수님의 말씀과 성령은 어떤 관계에 있나요?

_____

_____

_____

2. 하나님과 아들의 관계는 명령-순종이 아니라 '사랑'과 '위임'의 관계로 묘사됩니다. 하나님이 만물을 아들의 손에 맡기셨다는 것은 우리 삶의 주권이 누구에게 있는지를 어떻게 드러내나요?

_____

_____

_____

3. "아들을 믿는 자에게는 영생이 있고 아들에게 순종하지 아니하는 자는 영생(생명)을 보지 못하고 도리어 하나님의 진노가 그 위에 머물러 있느니라"고 했습니다. 예수님을 '믿는 것'과 '순종하지 않는 것'이 어떻게 대조되고 있나요?

_____

_____

_____

Discipleship

PART 3

제자는 사명으로 완성된다

Gospel   Renewal   Advance   Commitment   Establishment

빛으로 부르심을 받은 제자가 믿음으로 자라날 때, 그 여정은 반드시 삶의 자리로 이어진다. 요한복음 4장은 제자도의 세 번째 장으로서, 복음이 더 이상 개인의 내면에 머물지 않고 세상 속으로 흘러 들어가는 사명의 길임을 보여 준다.

예수님은 유대와 사마리아 사이의 경계를 넘어 수가라는 동네의 한 여인을 찾아오신다. 그분은 "물을 좀 달라"(요 4:7) 하시며 삶의 가장 일상적인 순간 속으로 들어오신다. 그러나 그 청함 속에는 인생의 목마름을 드러내고, 영원한 생수를 제시하시는 구원의 초대가 숨어 있다. 예수님은 여인의 상처와 실패를 외면하지 않으시고, 그 상처를 통해 참된 예배와 새로운 삶으로 이끄신다.

이제 복음은 한 개인의 깨달음을 넘어 그녀의 동네로, 그리고 세상으로 흘러간다. "내가 행한 모든 일을 내게 말한 사람을 와서 보라"(요 4:29)는 사마리아 여인의 외침은 제자도의 본질이 지식 전수가 아니라 삶의 증언임을 보여 준다. 제자는 자신이 경험한 은혜를 감추지 않고, 그 은혜가 닿은 자리에서 복음의 통로가 되는 사람이다.

4장의 후반부에서 예수님은 제자들에게 말씀하신다. "너희 눈을 들어 밭을 보라 희어져 추수하게 되었도다"(요 4:35). 이 말씀은 제자도의 마지막 초대다. 빛으로 시작된 여정은 이제 세상으로 흘러 나가는 추수의 사명으로 완성된다. 그리고 왕의 신하의 믿음을 통해 우리는 다시 듣는다. "네 아들이 살아 있다"(요 4:50). 믿음의 결실은 결국 새 생명과 회복을 증언하는 일로 드러난다.

3부는 제자도의 마지막 단계, 즉 관계와 사명, 증언과 열매의 자리를 향한 부르심을 담고 있다. 참된 제자란 예수님을 알고 따르는 데에서 멈추지 않고, 그분의 사랑을 세상 속으로 흘려보내는 사람이다. 삶의 모든 자리가 복음의 현장이 될 때, 제자도의 여정은 완성된다.

15장

먼저 나에게 말을 거시는 예수님

예수님은 유대를 떠나 갈릴리로 가는 길목에서 굳이 사마리아를 지나가셨다. 이는 지리적 통로뿐만 아니라 사람과 사람 사이에 놓인 깊은 단절을 넘어서는 구속의 의지였다. 사마리아는 배제되고 분열된 인간사의 은유요, 하나님과 단절된 영혼의 표상이었다. 앞장에서 예수님은 유대 종교 지도자인 니고데모를 밤에 만나셨고, 이제는 이름 없는 사마리아 여인을 대낮에 만나신다. 밤과 낮, 유대인과 사마리아인, 남자와 여자, 엘리트와 상처 입은 자. 요한복음은 대비와 역설을 통해 복음이 확장되는 모습을 보여 준다.

그 만남은 아주 일상적인 대화로 시작된다. "물을 좀 달라"(요 4:7). 예수님은 전능하신 창조주이시면서도, 한 여인에게 물을 청하시는 피곤한 나그네로 서 계신다. 그러나 그 청함은 단순한 부탁이 아니었다. 그분은 여인의 목마름을 드러내기 위해 자신의 목마름을 드러내셨다.

요한의 제자도

하나님이 인간에게 요청하실 수 있다는 이 신비한 반전은 곧 하나님이 우리를 찾아와 친히 말을 거시는 구원의 시작임을 나타낸다.

제자도는 내가 예수님께 요청하기 이전에, 예수님이 먼저 나에게 말을 거셨다는 사실을 기억하는 것에서 시작된다. 그 부르심은 조용하고 낮지만 모든 경계를 무너뜨리고, 나의 삶 깊은 곳을 뒤흔드는 사랑의 접근이다. 이제 우리는 사마리아 여인처럼 그분의 음성을 듣고, 생수의 세계로 초대받는다.

하나님이 반드시 지나가게 하시는 길

요 4:1-4 1 예수께서 제자를 삼고 세례를 베푸시는 것이 요한보다 많다 하는 말을 바리새인들이 들은 줄을 주께서 아신지라 2 (예수께서 친히 세례를 베푸신 것이 아니요 제자들이 베푼 것이라) 3 유대를 떠나사 다시 갈릴리로 가실새 4 사마리아를 통과하여야 하겠는지라

사명은 계속되어야 한다

요한은 예수님이 갈릴리로 이동하신 이유를 바리새인들이 그분의 사역을 의식하게 된 상황으로 소개한다(요 4:1). 예수님은 그들과의 불필요한 충돌을 피하셨지만 사역을 중단하지 않으시고 새로운 땅을 향해 걸어가신다. 여기서 우리는 예수님의 회피와 전진이 공존하는

지혜를 본다. 그분은 도망치지 않으셨고, 충돌할 때를 스스로 정하셨다. 제자도는 어떤 싸움은 멈추고, 어떤 길은 기다리지 않고 가는 분별의 지혜를 배우는 삶이다. 불필요한 대립을 피한다고 해서, 사명을 포기하는 것은 아니다.

사마리아를 통과해야 하는 필연

본문 4절은 의미심장하다. "사마리아를 통과하여야 하겠는지라." 여기서 통과하여야 '하겠는지라'(데이 δεῖ)는 단순한 지리적 설명이 아니다. 요한복음에서 '데이'(δεῖ)는 종종 하늘의 뜻, 하나님의 필연적 의도를 표현한다(요 3:14, 9:4 등). 즉 예수님은 지리적으로 최단 경로라서 사마리아를 통과하신 것이 아니라, 구속사적으로 반드시 거쳐야 할 만남이 있었기 때문에 사마리아로 가신 것이다. 제자도는 때로는 내가 선택한 길이 아닌, 하나님이 정하신 '지나가야 할 길'을 따라가는 삶이다. 그 길이 불편하고 어색하고 낯설지라도, 거기서 반드시 만나야 할 한 영혼이 있기 때문이다.

경계를 넘으시는 예수를 따르는 여정

사마리아는 단순한 지역이 아니다. 그곳은 유대인과 사마리아인 사이의 역사적·종교적·문화적 적대감이 농축된 상징적 공간이다. 예수님은 바로 그 경계를 넘으셨다. 그리고 그 경계 너머에서 한 여인을 만나시고, 생명의 대화를 시작하셨다. 제자도란 익숙한 경계 안에서 머무는 것이 아니라, 예수님이 가시는 불편한 경계 바깥으로 따라가는 결단이다. 제자는 주님이 지나가신 그 땅을 함께 밟는다.

사명의 자리 한복판에 앉으신 예수

요 4:5-6 5 사마리아에 있는 수가라 하는 동네에 이르시니 야곱이 그 아들 요셉에게 준 땅이 가깝고 6 거기 또 야곱의 우물이 있더라 예수께서 길 가시다가 피곤하여 우물 곁에 그대로 앉으시니 때가 여섯 시쯤 되었더라

'피곤하여 앉으신 예수', 그분의 낮아지심

"예수께서 길 가시다가 피곤하여 우물 곁에 그대로 앉으시니." 요한복음에서 이 구절은 놀라울 만큼 주님의 인간적인 모습을 보여 준다. 말씀이 육신이 되어 이 땅에 오신 예수님이 하룻길을 걷고 지치셔서 한 동네의 우물가에 앉아 계신다. 전능하신 하나님의 아들이, 한 여인을 만나기 위해 피곤을 무릅쓰고 기다리는 자의 자리에 스스로 앉으신 것이다. 제자도는 전능함으로 일하시는 주님보다, 오히려 기다리며 마주하시는 주님의 방식을 배우는 길이다. 그분은 멀리서 부르시지 않고, 우리가 지나가는 자리 한복판에 '앉아 계신다.'

'야곱의 우물', 역사 위에 앉으신 주님

야곱의 우물은 단순히 물의 공급처만은 아니다. 그곳은 이스라엘의 조상 야곱이 아들 요셉에게 유산으로 준 땅이며, 민족의 정체성과 신앙 전통이 서려 있는 장소였다.[69] 예수님은 그 땅, 그 우물 위에 앉으셨다. 그리고 그 자리에 다가온 사마리아 여인을 부르셨다. 제자도는 내 삶의 오래된 우물 위에 앉으신 주님을 만나는 여정이다. 그 우물은 과거의 상처일 수도 있고, 집안 문제일 수도 있고, 민족의 아픔일 수도 있다. 주님은 바로 그 '우리의 우물'에서 기다리고 계신다.

뜨거운 낮, 가장 외로운 시간

본문에 언급된 '여섯 시'는 유대식 시간 계산에 따르면 정오(12시)다. 가장 더운 시간, 사람들이 우물을 찾지 않는 시간, 그래서 가장 외로운 자만이 오는 시간이다. 예수님은 바로 그 시간, 그 자리에 먼저 와 계셨다. 그분의 기다림은 아무개를 위한 것이 아니라, 가장 목마른 사람을 향한 개인적 부르심이다. 제자도는 예수님이 '내 가장 더운 시간, 가장 외로운 자리에 먼저 와 계셨다'는 사실을 깨닫는 것이다. 그 인식이 우리를 향한 부르심의 시작이 된다.

---

69 예수님이 이르신 '수가'는 오늘날 '아스카르'로 추정되며, 라틴어 불가타 성경을 번역한 교부 제롬(Jerome)은 '수가'를 세겜과 같은 지역으로 보았다. 세겜은 야곱이 밧단아람을 떠나 정착했던 땅이며, 딸 디나의 사건, 시므온과 레위의 복수, 그리고 요셉의 뼈가 장사된 구속사의 아픔과 은혜가 얽힌 자리다. 이스라엘의 아픔과 방황이 응축된 공간, 그리고 요셉이 죽으면서 유언으로 자신의 유골이 묻히길 원했던 은혜의 땅이다.

먼저 대화의 길을 여시는 예수

요 4:7-10　7 사마리아 여자 한 사람이 물을 길으러 왔으매 예수께서 물을 좀 달라 하시니 8 이는 제자들이 먹을 것을 사러 그 동네에 들어갔음이러라 9 사마리아 여자가 이르되 당신은 유대인으로서 어찌하여 사마리아 여자인 나에게 물을 달라 하나이까 하니 이는 유대인이 사마리아인과 상종하지 아니함이러라 10 예수께서 대답하여 이르시되 네가 만일 하나님의 선물과 또 네게 물 좀 달라 하는 이가 누구인 줄 알았더라면 네가 그에게 구하였을 것이요 그가 생수를 네게 주었으리라

구속은 요청으로 시작된다

예수님은 권위로 명하지 않으시고, 청함으로 말을 거셨다. 그분은 먼저 요청하심으로써 여인의 존재를 무시하지 않고 존중하며 대화의 길을 여셨다. 예수님은 자신의 목마름을 통해 그 여인의 깊은 목마름을 드러내고자 하셨다. 이 얼마나 인간적이면서도 신적인 접근인가! 제자도는 우리의 상처와 결핍 속에 먼저 다가오시는 주님의 조심스러운 요청에 귀 기울이는 것이다. 그분은 권하지 않으시고, 청하신다.

경계의 벽 위에 던져진 한마디

사마리아 여인은 당황한다. "당신은 유대인으로서 어찌하여 사마

리아 여자인 나에게 물을 달라고 하나이까." 이 질문 속에는 민족적 갈등, 종교적 차별, 성별 위계, 모든 문화적 장벽의 무게가 담겨 있다.[70] 예수님은 그 벽을 부수기보다 한마디 요청으로 부드럽게 건너셨다. 이것이 하나님의 방식이다. 그분은 때로 질문 하나로 벽을 무너뜨리신다. 제자도는 사람을 바꾸려 들기보다 질문을 품고 그들의 자리에 들어가시는 주님의 방식을 따르는 길이다.

하나님의 선물을 네가 아느냐

예수님은 여인이 모르는 두 가지를 말씀하신다. 하나는 '하나님의 선물', 다른 하나는 '지금 너에게 말을 건네는 이의 정체'다. 그녀는 하나님이 주시려는 선물인 생수, 곧 성령의 은혜를 모른다.[71] 그리고 예수님이 누구신지도 아직 모른다. 그러므로 여전히 목마르다. 제자도는 하나님이 우리에게 주시려는 선물과 그 선물을 주시는 이가 누구인지 알아 가는 여정이다. 그 알아 감이 생수를 향한 첫걸음이다.

---

70 요한복음 저자는 사마리아 여인의 이 말에 대해 주석을 하듯이 설명했다. "유대인이 사마리아인과 상종하지 아니함이러라". 이는 단순한 교류 단절이 아니라 '그릇이나 음식을 함께 사용하지 않는다'는 의미로도 해석된다. 즉 유대인들은 사마리아인의 우물물을 '부정'하게 여겼기 때문에 그들의 물을 마시지 않는 전통이 있었다. 예수님은 신체적 접촉과 식사를 통해 유대인의 편견을 깨뜨리는 파격을 보이셨다.

71 "하나님의 선물"(도레안 투 테우 δωρεὰν τοῦ θεοῦ)은 고대 유대 문헌에서 율법, 지혜, 성령, 메시아를 가리키는 표현으로 다양하게 사용되었다. 그러나 요한복음에서는 특히 성령과 생수를 긴밀히 연결한다(요 7:37-39 참고). 이 구절은 생수가 단지 영원한 생명을 상징하는 것이 아니라, 예수님이 보내실 성령의 사역을 미리 암시하고 있다. 즉 "하나님의 선물"은 예수님 자신을 통해 주어지는 성령과 구원의 총체를 뜻한다.

요한의 제자도

Discipleship

◆ 제자도 묵상 15 : 청하심에 응답하는 길

1. 예수님은 불필요한 충돌을 피하고 유대를 떠나셨다.

→ 제자도는 모든 갈등에 맞서기보다 때를 따라 사명을 조율하는 지혜의 길이다.

2. 예수님은 사마리아를 통과하셔야만 했다.

→ 제자도는 나의 선택이 아닌, 하나님이 지나가게 하시는 길을 걷는 순종이다.

3. 야곱의 우물 곁에 앉으신 예수님은 피곤하셨다.

→ 제자도는 지친 몸으로라도 한 영혼을 기다리시는 주님의 낮아지심을 따르는 삶이다.

4. 그 우물은 디나의 상처, 요셉의 유골이 얽힌 세겜 땅의 연장선에 있었다.

→ 제자도는 멈춘 시간과 역사 속에서 다시 생명을 일으키는 구속의 길에 참여하는 삶이다.

5. 예수님은 한 여인에게 "물을 좀 달라"고 요청하셨다.

→ 제자도는 전능하신 분의 요청 앞에 응답하는 순종의 시작이다.

6. 여인은 경계의 장벽을 말했지만, 예수님은 질문으로 그 벽을 넘으셨다.

→ 제자도는 벽을 무너뜨리기보다 그 벽을 이해하고 넘는 사랑의 길이다.

7. 예수님은 "하나님의 선물과 물 달라 하는 이가 누구인지" 알지 못함을 드러내셨다.

→ 제자도는 하나님의 선물과 예수님을 알아 가는 깨달음의 길이다.

✦ 더 깊이 생각하기

1. "물을 좀 달라." 예수님은 왜 먼저 사마리아 여인에게 말을 거셨을까요? 유대인 남성이 사마리아 여인에게 말을 건네는 것은 당시 문화로선 매우 파격적입니다. 예수님은 왜 먼저 그녀에게 요청하셨을까요?

_____

_____

_____

2. 예수님은 "네가 만일 하나님의 선물과 또 네게 물 좀 달라 하는 이가 누구인 줄 알았더라면"이라고 말씀하십니다. 여기서 "하나님의 선물"은 무엇이며, 왜 이 표현을 사용하셨을까요?

_____

_____

_____

3. 예수님은 "생수를 네게 주었으리라"고 말씀하십니다. '생수'는 갈증 해소 이상의 상징을 담고 있습니다. 지금 나는 무엇에 목마른가요?

_____

_____

_____

16장

나의 목마름을 아신다

우물은 생명의 상징이지만, 본문 속 우물 곁에는 물이 아니라 목마름이 고여 있었다. 깊고 맑은 야곱의 우물은 여전히 그 자리에 있었지만, 그 곁에 선 사마리아 여인의 내면은 메마르고 갈라져 있었다. 그녀는 단지 물을 길으러 왔지만, 예수님은 그 갈증 너머의 상처와 결핍을 먼저 보셨다.

이 장면은 오늘을 살아가는 우리를 비춘다. 일상의 반복 속에서 우리는 무언가를 얻고 채우기 위해 바쁘게 움직이지만, 주님은 그 모든 바쁨 아래 숨겨진 우리의 갈망과 목마름을 먼저 아신다. 그분은 "내가 목마르다"고 말씀하시기 전에, 먼저 "너의 목마름을 안다"고 말씀하신다. 예수님은 정죄하지 않고 진실을 이끄시며, 숨기고 싶은 사연 속에서도 회복을 열어 가신다. 그 사랑의 간파가 오늘도 우리를 우물가로 초대하고 있다.

내면의 깊은 갈증

요 4:11-12 11 여자가 이르되 주여 물 길을 그릇도 없고 이 우물은 깊은
데 어디서 당신이 그 생수를 얻겠사옵나이까 12 우리 조상 야곱이 이
우물을 우리에게 주셨고 또 여기서 자기와 자기 아들들과 짐승이 다
마셨는데 당신이 야곱보다 더 크니이까

여인의 현실 인식, 눈에 보이는 한계

사마리아 여인의 반응은 지극히 현실적이고 상식적이다. "주여, 당
신은 물을 길을 그릇도 없고, 이 우물은 깊습니다." 그녀는 그릇이 없
다는 것과 우물의 깊이를 말한다. 이는 예수님의 제안이 논리적으로
이해되지 않는다는 거절을 표현한 말이다. 그녀의 말은 맞다. 육안으
로 볼 때 예수님은 유대 남자이고, 우물은 30미터가 넘는 깊이였다. 하
지만 이 여인은 여전히 자기 안에 있는 깊은 갈증을 인식하지 못한 채,
바깥의 조건만을 응시하고 있다. 제자도는 눈에 보이는 현실의 깊이
보다 내면의 갈증이 더 깊다는 사실을 깨닫는 데서 시작된다. 주님은
그릇 없이도, 깊은 우물보다 더 깊은 곳에서 생명을 길어 올리신다.

전통에 대한 의존, 야곱의 권위

여인은 곧 야곱의 이름을 언급하며 묻는다. "당신이 야곱보다 더
크니이까." 이 질문은 단순한 비교가 아니라, 자신의 신앙과 전통의

정당성을 방어하려는 반응이다. 야곱은 사마리아인에게도 중요한 조상이다. 그 우물은 역사와 유산의 상징, 하나님의 언약을 품은 기념비적인 공간이다. 여인은 그 전통 안에 자신을 정당화시킨다. 제자도는 과거의 전통이 아니라, 지금 내 앞에 오신 예수님을 만나는 현재적 신앙의 길이다. 야곱은 물을 주었지만, 예수님은 목마름을 근원적으로 멈추게 하신다.

"당신이 야곱보다 더 크니이까", 진정한 질문

이 질문은 사실 의심이라기보다 열림의 시작이다. 그녀는 자기 정체성(전통, 민족, 신앙)의 기반을 예수님 앞에 던지고 있다. 그 질문은 결국 "나는 누구인가?"와 연결된다. 야곱의 우물을 붙잡고 살아온 한 사마리아 여인이 처음으로 메시아의 실체 앞에서 자기를 흔들기 시작한 순간이다. 제자도는 신앙의 틀을 지키는 삶이 아니라, 질문 앞에서 자신을 여는 삶이다. 그 질문 속에 주님이 응답하신다.

다시 목마르지 아니하리라

요 4:13-14 13 예수께서 대답하여 이르시되 이 물을 마시는 자마다 다시 목마르려니와 14 내가 주는 물을 마시는 자는 영원히 목마르지 아니하리니 내가 주는 물은 그 속에서 영생하도록 솟아나는 샘물이 되리라

반복되는 갈증의 실상

예수님은 여인의 현실을 정면으로 꿰뚫으신다. "이 물을 마시는 자마다 다시 목마르려니와." 야곱의 우물은 깊고 귀하지만, 그것은 반복되는 갈증을 해소할 수 없는 한계를 지녔다. 물이 있어도, 물을 마셔도 다시 목마른 인생. 이는 사마리아 여인만의 문제가 아니다. 우리는 관계를 마시고, 인정과 성취를 마시고, 쾌락과 종교적 열심을 마셔도 다시 목마르다. 제자도는 갈증을 채우는 삶이 아니라, 갈증 자체를 근본적으로 바꾸는 삶이다. 예수님은 우리가 '마셔야 할 것'을 바꾸러 오셨다.

영원히 목마르지 않는다는 것

"내가 주는 물을 마시는 자는 영원히 목마르지 아니하리니." 주님은 '외부에서 공급되는 물'이 아닌 '내 속에서 솟아나는 샘물'을 말씀하신다. 여기서 '샘물'(페게 휘다토스 πηγὴ ὕδατος)이란 원문대로 '물의 샘'을 말한다. 이 물은 단지 채워지는 것이 아니라, 영혼 안에서 솟구치며 흘러나오는 은혜다.[72] 그 샘은 성령이시고, 그 성령은 예수님을 통해 내 안에 거하신다(요 7:37-39).[73] 제자도는 외적인 도움보다 내 안에서

---

72 '솟아나는'(할로메누 ἀλλομένου)이라는 동사는 헬라어로 '뛰어오르다', '용솟음치다'라는 뜻으로 정적인 저장소가 아니라 동적인 근원을 나타낸다. '영생하도록'은 요한복음 17장 3절에서 "영생은 곧 유일하신 참 하나님과 그가 보내신 자 예수 그리스도를 아는 것"으로 설명된다. 즉 이 물은 생명적 관계를 지속적으로 자라게 하는 은혜의 샘이다.

73 예수께서 주시는 물은 요한복음에서 성령을 의미한다. 요한복음 7장 37-39절에서 동

솟는 생명의 근원을 경험하는 삶이다. 더 이상 퍼 올리지 않아도 되는 내면의 생수, 그것이 바로 성령의 삶이다.

인생의 방향이 바뀌는 힘

예수님은 단순히 '목마르지 않게 된다'는 것에 그치지 않으셨다. 그 물은 "영생하도록 솟아나는 샘물이 되리라"고 하셨다. 즉 이 생수는 단지 해갈(解渴)의 도구가 아니라, 새로운 생명을 향해 흐르는 방향 전환의 힘이다. 영생은 양적인 시간이 아니라, 하나님과의 관계 안에 머무는 질적인 삶이다(요 17:3). 예수님은 단지 여인의 목마름을 해소하려는 것이 아니라, 그녀의 인생 방향 자체를 바꾸려 하신다. 제자도는 내 삶의 방향이 바뀌는 전환의 자리에서 시작된다. 그분이 주시는 물은 해결이 아니라 소명을 낳는다.

주님이 나의 목마름을 아신다

요 4:15-18 15 여자가 이르되 주여 그런 물을 내게 주사 목마르지도 않고 또 여기 물 길으러 오지도 않게 하옵소서 16 이르시되 가서 네 남

일한 비유가 명시적으로 해석되며, "성령을 가리켜 말씀하신 것이라"라는 구절이 나온다. "내가 주는 물"은 단지 위로와 만족이 아니라, 새 창조의 삶으로 이끄시는 성령의 능력이다.

요한의 제자도

편을 불러오라 17 여자가 대답하여 이르되 나는 남편이 없나이다 예수께서 이르시되 네가 남편이 없다 하는 말이 옳도다 18 너에게 남편 다섯이 있었고 지금 있는 자도 네 남편이 아니니 네 말이 참되도다

편의와 수고를 덜고자 하는 요청

"주여 그런 물을 내게 주사 목마르지도 않고 또 여기 물 길으러 오지도 않게 하옵소서." 여인의 반응은 겉보기에 열정적이지만, 사실은 자기 편의와 수고를 덜고자 하는 요청이다. 그녀는 아직도 '물'의 의미를 영적으로 이해하지 못하고, 삶의 불편함을 해소하려는 차원에서 응답하고 있다. 제자도는 불편함을 줄이는 종교가 아니라, 진실함을 요구하시는 주님 앞에 서는 관계의 길이다.

은혜로 시작된 폭로

예수님은 갑자기 전혀 다른 주제를 던지신다. "가서 네 남편을 불러오라." 이 요청은 여인의 숨기고 싶은 과거를 정면으로 가리킨다. 그러나 이 말씀은 정죄가 아니라 치유를 위한 진단이고, 회복을 향한 초대다. 그녀는 대답한다. "나는 남편이 없나이다." 이 말은 단순한 사실 진술이 아니라, 자기방어적 회피 전략이다. 당시 유대−사마리아 사회에서 남성 관계는 수치와 낙인이 되는 주제였기 때문에 그녀는 말문을 닫고 대화를 피해 가려 했다.

그러나 놀랍게도 예수님은 이렇게 말씀하신다. "네 말이 참되도

다." 이는 거짓을 동조하는 말이 아니다. 주님은 그녀가 꺼낼 수 있는 진실의 문턱을 아시고, 그 자리에서부터 그녀를 수용하는 은혜의 방식으로 응답하신 것이다. 제자도는 내가 감추고 싶은 과거와 현실 앞에서도 정죄가 아닌 존중으로 맞아 주시는 주님을 신뢰하며 진실로 나아가는 걸음이다.

회피 속에서도 진실을 끌어내시는 은혜

예수님은 그녀의 삶을 다 알고 계신다. "남편 다섯이 있었고 지금 있는 자도 네 남편이 아니니." 그럼에도 "네 말이 참되도다"라고 말씀하신다. 이는 단순한 정보의 확인이 아니다. 한 가지 더 중요한 신학적 함의가 있다. 그녀에게는 참된 남편, 곧 메시아가 없었다. 요한복음에서 예수님은 신랑 되신 그리스도로 등장하며(요 3:29), 신랑 없는 인류의 메시아 부재를 해결하기 위해 오신 완전한 남편이시다. 그렇다면 "나는 남편이 없나이다"라는 말은 그녀가 참 남편 되신 메시아와 아직 연결되지 않은 상태를 상징적으로 드러내는 고백일 수 있다.

사마리아 여인은 단지 한 여인이 아니라, 참된 생명을 만나지 못한 인류를 상징하는 인물이다. 제자도는 단순한 정보 전달이나 자기 고백이 아니라, 하나님 앞에 드러나는 내 영혼의 목마름을 인정하는 자리에서 시작된다. 그리고 그 자리에 참된 신랑 되신 주님이 찾아오신다.

Discipleship

◆ 제자도 묵상 16 : 목마름을 드러내는 길

1. 예수님은 피곤한 몸으로 사마리아 땅을 지나 우물가에 앉으셨다.
   → 제자도는 하늘의 뜻을 따라, 마주해야 할 자리 앞에 머무는 삶이다.

2. 예수님은 유대인 남성으로서 사마리아 여인에게 먼저 말을 건네셨다.
   → 제자도는 장벽을 넘어 가장 먼 이에게 먼저 다가가는 사랑의 용기다.

3. 예수님은 "물을 좀 달라"고 하시며 인격적 관계를 시작하셨다.
   → 제자도는 먼저 마음을 열고 요청함으로 연결되는 소통의 길이다.

4. 여인은 물을 구했지만, 여전히 피상적인 갈증에 머물러 있었다.
   → 제자도는 얕은 갈증을 넘어, 깊은 목마름을 직면하는 여정이다.

5. 예수님은 여인의 감춰진 삶을 드러내시되 정죄하지 않으셨다.
   → 제자도는 상처와 수치를 안고서도 은혜 앞에 서는 진심의 길이다.

6. 여인의 회피 속에서도 주님은 "네 말이 참되도다"라고 응답하셨다.
   → 제자도는 드러낼 수 있는 자리에서 주님의 사랑을 신뢰하는 삶이다.

7. 여인은 '남편 없음'의 상태였으나, 목마름 속에서 주님을 만났다.
   → 제자도는 참된 신랑을 만나, 목마름이 샘으로 바뀌는 길이다.

요한의 제자도

◆ 더 깊이 생각하기

1. 여인은 예수님의 '생수' 말씀을 이해하지 못하고, "주여 그런 물을 내게 주사"라고 말합니다. 그녀의 반응은 오해처럼 보이지만, 그 속에는 어떤 바람이 담겨 있나요?

_____

_____

_____

2. 예수님은 갑자기 여인의 '남편' 문제를 언급하십니다. 이는 단지 개인의 도덕적 문제를 폭로하려는 것이 아니라, 그녀의 깊은 목마름과 상처의 뿌리를 만지시는 장면입니다. 나의 삶에서 반복되는 결핍이나 고통의 패턴은 무엇입니까?

_____

_____

_____

3. 여인은 "나는 남편이 없나이다"라고 말하고, 예수님은 "네 말이 참되도다(옳도다)"라고 하십니다. 예수님은 왜 이 대답이 '참되다'(옳다)고 하셨을까요?

_____

_____

_____

17장

그리스도와 만나야 참된 예배자다

예수님과 사마리아 여인의 대화는 더 이상 '물'이나 '남편'에 대한 주제에 머물지 않는다. 이제 여인은 본능적으로 대화의 방향을 '예배'로 옮기고 있다. 그것은 회피일 수도 있고, 깊은 영적 질문일 수도 있다. 그러나 분명한 것은, 이제 그녀의 질문은 신학의 영역으로 들어가고 있다는 점이다. 예배는 단지 종교 행위가 아니라, 인간 존재의 방향과 중심을 결정하는 가장 본질적인 질문이기 때문이다.

"어디서 예배해야 합니까?"라는 여인의 물음은 결국 "누구를, 어떻게, 어떤 존재로 예배해야 합니까?"라는 더 깊은 정체성의 질문으로 확장된다. 예수님은 그 질문에 놀라운 방식으로 응답하신다. 장소의 논쟁을 넘어, 민족과 전통의 구분을 넘어, 그분은 "예배할 때가 이르리라"(요 4:21)고 선언하신다. 그 시간은 지금 여기, 예수님 자신이 서 계신 그 자리에서 이미 시작되었다. 그리고 우리는 알게 된다. 예배는 이제 '어디서'가 아니라 '누구 안에서', 형식이 아니라 진리와 영으로, 전통이 아니라 진정성과 만남으로 드리는 것이 되었음을. 이 장에서 우리는 예수님이 계신 곳이 곧 성전이 되고, 그분과의 만남이 곧 예배가 되는 놀라운 전환의 시점을 마주하게 될 것이다.

예배의 전환, 장소에서 본질로

요 4:19-22 19 여자가 이르되 주여 내가 보니 선지자로소이다 20 우리 조상들은 이 산에서 예배하였는데 당신들의 말은 예배할 곳이 예루살렘에 있다 하더이다 21 예수께서 이르시되 여자여 내 말을 믿으라 이 산에서도 말고 예루살렘에서도 말고 너희가 아버지께 예배할 때가 이르리라 22 너희는 알지 못하는 것을 예배하고 우리는 아는 것을 예배하노니 이는 구원이 유대인에게서 남이라

회피인가, 질문인가

여인의 질문은 갑작스러운 주제 전환처럼 보인다. 예수님이 그녀의 사적인 관계를 드러내시자 그녀는 곧바로 예배 장소에 관한 문제를 꺼냈다. 어떤 이들은 이것을 회피 전략으로 읽기도 한다. 하지만 동시에, 그녀의 내면에서 진지한 갈망이 움트고 있었던 것은 아닐까? 여인은 "선지자"라 부른 예수님께 자신의 가장 오래된 질문을 내어놓는

다. "사마리아인들은 그리심산, 유대인들은 예루살렘이라 합니다. 도대체 어디가 맞습니까?" 제자도는 진실이 드러난 자리에서 멈추는 것이 아니라, 오히려 그 자리에서 다시 예배를 묻는 시작이 된다.

예수님이 여시는 새로운 때

예수님의 답변은 단호하면서도 친밀하다. "여자여 내 말을 믿으라." 이 말씀은 요한복음에서 중요한 선포 방식이다.[74] 그분은 "이 산에서도 말고 예루살렘에서도 말고 너희가 아버지께 예배할 때가 이르리라"고 선언하신다. 여기서 예수님은 '장소'에서 '때'로, '공간'에서 '시간'으로 패러다임을 전환하신다. 예배의 중심이 성전이라는 '공간'에서 예수님이 여시는 새로운 '때'로 이동하고 있다. 이것은 단지 '모두를 위한 포용적 메시지'가 아니다. 예수님 자신이 "성전보다 더 큰 이"(마 12:6)이시며, 이제 예배의 대상과 중심이 성전이 아니라 그분 자신이 됨을 선포하시는 말씀이다. 제자도는 공간적 종교성에서 벗어나 예수님 자신이 예배의 중심이 되시는 '때'를 살아가는 길이다.

---

74 "여자여 내 말을 믿으라"(요 4:21). 예수님은 '이 산도 아니고 예루살렘도 아닌 곳에서 예배할 때'를 선포하시며, 장소 중심의 예배 개념에서 시간 중심, 더 나아가 인격 중심의 예배 개념으로 전환하신다. 이 구절은 요한복음에서 '때'(호라 ὥρα)라는 단어가 처음 선언된 장면이며, 이후 십자가와 부활의 때까지 일관된 신학적 축이 된다(요 7:30, 12:23 등). 예배는 이제 '어디서'가 아니라 '누구 안에서', '언제'가 아니라 '지금 여기에서', 그리고 '무엇으로'가 아니라 '영과 진리로' 드리는 것으로 전환된다.

모든 민족을 위한 구원

예수님은 여인의 민족 정체성과 종교 전통에 대해 직설적인 언급을 피하지 않으셨다. "너희는 알지 못하는 것을 예배하고 우리는 아는 것을 예배하노니 이는 구원이 유대인에게서 남이라."[75] 이 말씀은 단순히 우월감이나 배타성의 선언이 아니다. 구속사적 흐름 속에서 메시아는 유다 지파에서 나며(창 49:10), 성경과 예배의 중심은 예루살렘 성전이었기 때문이다. 그러나 예수님은 거기서 멈추지 않으셨다. 구원의 기원이 유대에 있다 하더라도, 이제는 그 구원이 모든 민족에게 열릴 때가 왔기 때문이다. 제자도는 신앙의 뿌리를 기억하되, 그 뿌리가 열매로 퍼져 나가야 함을 아는 보편성의 길이다.

예배의 본질: 영과 진리로

요 4:23-24 23 아버지께 참되게 예배하는 자들은 영과 진리로 예배할 때가 오나니 곧 이때라 아버지께서는 자기에게 이렇게 예배하는 자

---

75 "너희는 알지 못하는 것을 예배하고"(요 4:22). 이 구절은 사마리아 예배 전통에 대한 비판이자, 메시아의 도래와 구원이 유대 전통 안에서 성취된다는 구속사적 선언이다. 그러나 예수님은 이 선언을 통해 민족적 우월감을 주장하지 않으신다. 오히려 이 선언은 이어지는 "영과 진리로 예배할 때"(요 4:23)라는 보편적 예배 선언의 구속사적 배경과 정당성을 제공한다. 유대인으로 오신 메시아 예수 안에서 이제는 사마리아인도, 이방인도 같은 영과 진리로 예배하는 시대가 열렸기 때문이다.

들을 찾으시느니라 24 하나님은 영이시니 예배하는 자가 영과 진리로 예배할지니라

"참되게 예배하는 자들", 전환된 정체성

예수님은 여인의 질문에 예루살렘도 그리심산도 아닌, 새로운 예배의 '때'가 왔다고 선언하신다. 그리고 곧이어 "참되게 예배하는 자들"이라는 표현을 사용하신다. 이 표현은 단지 진심으로 예배하는 사람들이라는 의미를 넘어서, 새로운 언약의 백성, 메시아를 통해 예배의 중심이 바뀐 공동체를 가리킨다. "참되게 예배하는 자들"은 이제 예배의 장소나 형식이 아니라, 그분의 영과 진리를 따라 살아가는 삶으로 정체성이 바뀐 사람들이다. 제자도는 예배 공간에 소속된 사람이 아니라, 예배의 본질에 참여하는 존재로 살아가도록 부름받은 길이다.

"영과 진리로", 예배의 본질적 전환

예수님은 "영과 진리로" 예배할 것을 말씀하신다. 여기서 '영'(프뉴마 πνεῦμα)은 단지 인간의 영적인 자세를 말하지 않는다. 요한복음에서는 늘 성령(성령으로 거듭남, 요 3:5 – 6)과 연결된다. '진리'(알레테이아 ἀλήθεια) 역시 단순한 진실성이나 진지함이 아니라, 요한복음의 용례에서 예수 그리스도 자신을 의미한다(요 14:6, "내가 곧 … 진리요"). 그러므로 "영과 진리로 예배한다"는 것은 성령 안에서, 예수 그리스도를 통하여, 아버

지께 드리는 예배를 뜻한다.[76] 이는 단순한 내면의 진정성이나 열정이 아닌, 삼위 하나님의 초대에 응답하는 예배다. 제자도는 감정과 형식이 아니라, 성령과 예수 그리스도를 통하여 드리는 존재 전체가 응답하는 길이다.

하나님이 예배자를 찾으신다

놀랍게도, 예수님은 예배자가 하나님을 찾는 것이 아니라, 하나님이 예배하는 자를 찾으신다고 말씀하신다. 이것은 요한복음의 선도적 은혜(Priority of Grace) 주제와 맞닿아 있다. 예배는 인간의 도달이 아니라, 하나님의 이끄심에 대한 반응으로 이해된다. "하나님은 영이시니"라는 선언도 예배가 물질적 제의와 공간 중심성에서 벗어나 영적 본질성과 내면의 교감으로 변화되었음을 보여 준다. 이제 육체로 지어진 성전이 아니라, 성령 안에 거하는 사람이 곧 예배의 처소가 된다. 제자도는 하나님을 찾아가는 여정이 아니라, 하나님께 먼저 부르심을 받은 존재로서 예배로 응답하며 살아가는 삶이다.

---

76 요한복음 4장 23-24절의 "영과 진리로 예배"는 단지 인간의 태도나 진정성을 말하는 것이 아니라, 성령과 예수 그리스도 안에서 이루어지는 신적 만남을 뜻한다. 특히 24절의 "하나님은 영이시니"라는 선언은 하나님의 본질이 공간과 제의에 갇히지 않음을 드러내며, 성령과 진리(곧 예수 그리스도)를 통해 드려지는 예배가 삼위 하나님의 사귐에 참여하는 제자도의 자리임을 보여 준다.

예배는 그리스도와의 만남이다

요 4:25-26   25 여자가 이르되 메시아 곧 그리스도라 하는 이가 오실
줄을 내가 아노니 그가 오시면 모든 것을 우리에게 알려 주시리이다
26 예수께서 이르시되 네게 말하는 내가 그라 하시니라

메시아가 오시면

사마리아 여인은 비록 민족적, 신학적으로 유대인과 단절되어 있
었지만, 메시아를 기다리는 희미한 신앙의 흔적을 간직하고 있었다.
그녀는 "그가 오시면 모든 것을 우리에게 알려" 주실 것이라 믿었다.
이 믿음은 단순한 지식이 아니라, 그녀의 마음속에 아직 꺼지지 않은
구원의 불씨였다. 그녀는 지금 메시아 앞에 있으면서도, 아직 '오실 분'
에 대해 말하고 있다. 그러나 그 기다림의 끝에, 그분이 지금 자기 앞에
계시다는 사실을 곧 듣게 될 것이다. 제자도는 기다림에 머무는 신앙
이 아니라, 그분이 지금 여기 오셨음을 알아보고 응답하는 만남의 삶
이다.

"내가 그라", 계시의 결정적 순간

예수님은 단도직입적으로 말씀하신다. "내가 그라"는 말씀은 요한
복음 전체에서 '하나님의 자기 계시'를 나타내는 결정적 표현이다.[77]

---

77 "내가 그라"(에고 에이미 ἐγώ εἰμι)라는 표현은 요한복음에서 예수님의 신적 자기 계시의 공

출애굽기 3장 14절 "나는 스스로 있는 자이니라"라는 하나님의 이름 선언을 떠올리게 한다. 이 선언은 요한복음 곳곳에 반복되며(예: "나는 생명의 떡이다", "나는 세상의 빛이다" 등), 예수님이 곧 하나님 자신임을 암시하는 신학적 정점으로 기능한다.

무엇보다도 중요한 것은, 예수님이 그 놀라운 계시를 처음으로 직접 말씀하신 대상이 제사장도, 바리새인도, 유대인 남성도 아닌 사마리아의 여인, 즉 이방인, 여성, 죄인의 굴레를 모두 짊어진 한 사람이었다는 사실이다. 그녀는 종교적 경계 너머에 있는 자, 사회적으로 배제된 자, 도덕적으로 낙인찍힌 자였다. 그녀는 자신도 모르게 인생의 주변부로 밀려났다. 그러나 예수님은 그 누구보다 먼저 이 여인에게 직접, 우회 없이 자신이 메시아이심을 계시하셨다.

이것은 단지 신학적 계시가 아니라, 한 사람의 존재를 완전히 존중하고 그를 통해 구원의 새 시대를 여는 복음의 방식이다. 제자도는 모든 상처와 낙인의 자리에서 예수님의 시선을 정면으로 마주하고, 그 계시 안에서 삶이 새롭게 전환되는 만남의 여정이다.

식 선언이다(요 8:58, 18:5 등 참고). 이는 출애굽기 3장 14절의 "나는 스스로 있는 자이니라"를 배경으로 하며, 예수님이 단지 메시아가 아니라 하나님의 본체이심을 드러내는 선언이다. 특히 요한복음에서 이 선언이 경계에 선 자들(사마리아 여인, 맹인, 마르다 등)에게 먼저 주어졌다는 점은 복음의 포용성과 선도적 은혜를 강조한다.

예배는 결국 만남이다

　예수님은 예배를 영과 진리로 드리는 방식이라 말씀하셨고, 그 말씀의 끝에 당신 자신을 드러내셨다. 결국 예배란 장소도 전통도 아닌, 예수 그리스도와의 살아 있는 만남이다. 그분 앞에서 우리는 스스로의 모든 상처, 정체성, 종교적 배경까지 초월하는 구원의 현존을 경험하게 된다. 제자도는 예배의 형식과 질문을 넘어, 예수님을 인격적으로 만나 삶 전체로 드리는 예배에 이르는 길이다.

Discipleship

✦ 제자도 묵상 17 : 예배자로 살아가는 길

1. **여인은 예배의 '장소'를 묻지만, 예수님은 장소보다 '때'를 말씀하셨다.**
   → 제자도는 '어디서'가 아니라 '언제, 어떻게' 예배하는가를 묻는 길이다.

2. **예수님은 "이 산도, 예루살렘도 아닌 곳"에서 예배할 때를 선언하셨다.**
   → 제자도는 과거의 전통을 넘어, 지금 여기에서 주님을 만나는 길이다.

3. **"영과 진리로 예배할 때가 오나니 곧 이때라"는 말씀은 예배의 본질이다.**
   → 제자도는 감정과 형식이 아닌, 성령과 진리 안에서 드리는 전인격적 응답의
   길이다.

4. **예수님은 "하나님은 영이시니"라고 선언하셨다.**
   → 제자도는 성령과 진리 안에서 드리는 전인격적 응답의 길이다.

5. **"아버지께서는 예배하는 자들을 찾으신다"는 말씀은 예배의 주체가 하나님이**
   심을 드러낸다.
   → 제자도는 하나님이 먼저 찾으시는 은혜의 부르심에 응답하는 순종의 길이다.

6. **여인은 메시아를 기다렸고, 예수님은 "내가 그라"고 말씀하셨다.**
   → 제자도는 기다림을 넘어, 지금 여기서 계시된 예수님을 만나는 길이다.

7. **예수님은 그 정체를 이방 여인에게 처음 계시하셨다.**
   → 제자도는 자격이 아닌 은혜로 부름받아 예배자로 살아가는 길이다.

✦ 더 깊이 생각하기

1. 여인은 예수님의 말씀을 듣고 갑자기 "우리 조상들은 이 산에서 예배하였는데"라며 예배의 장소를 묻습니다. 왜 그녀는 예수님의 개인적 질문(남편 이야기) 이후에 갑자기 종교적 질문으로 전환했을까요?

_____

_____

_____

2. 예수님은 "예배할 때가 이르리라 … 아버지께 참되게 예배하는 자들은 영과 진리로 예배할 때가 오나니"라고 말씀하십니다. 이 말씀은 예배의 무엇을 새롭게 하고 있나요?

_____

_____

_____

3. 여인은 "메시아 곧 그리스도라 하는 이가 오실 줄을 내가 아노니"라고 말합니다. 예수님은 그녀에게 직접적으로 "내가 그라"고 말씀하십니다. 예수님은 왜 첫 번째로 사마리아 여인에게 자기 자신을 드러내셨을까요?

_____

_____

_____

18장

제자는 하나님의 일을 온전히 이룬다

정오의 우물가에서 벌어진 예수님과 사마리아 여인의 대화는 예상치 못한 결말로 나아간다. 그 물결은 아직 멈추지 않았다. 여인은 물동이를 버려두고 마을로 달려가고, 그 빈자리에 제자들이 돌아온다. 그들은 유대인과 사마리아인의 상호 혐오를 알기에, 예수님의 행동에 어리둥절하지만 감히 묻지 못한다. 그들의 손에는 막 사 온 음식이 들려 있었고, 그들의 마음은 현실적인 필요에 가 있었다.

이 장면은 일상과 영성, 일용할 양식과 영원한 생명의 양식, 평범한 삶과 예수님의 사명이 교차하는 자리다. 제자들은 예수님께 "랍비여 잡수소서"(요 4:31)라고 말하지만, 예수님은 그 말속에 담긴 '배고픔'이라는 문제를 전혀 다른 차원에서 풀기 시작하신다. 예수님의 말씀은 그들에게 혼란이자 계시였다. "내게는 너희가 알지 못하는 먹을 양식이 있느니라"(요 4:32). 이는 육적인 것과 영적인 것, 눈에 보이는 것과 보이지 않는 것, 일시적인 것과 영원한 것 사이의 간극을 다시 한 번 조명한다. 그분의 양식은 단순히 하나님 아버지의 뜻을 아는 것이 아니라, 그 뜻을 행하는 것이다. '먹는다'는 것은 곧 '사는 것'이며, '행하는 것'이다.

이 장에서 제자는 물동이를 버려둔 여인의 순종뿐 아니라, 삶의 중심축을 '양식'으로 삼으신 예수님의 방식에서 제자도를 배운다. 이제 우리는 그분처럼 살고, 그분처럼 먹고, 그분의 사명을 우리의 배고픔으로 삼는 여정을 시작해야 한다.

숨는 자를 이끄는 자로

요 4:27-30 27 이때에 제자들이 돌아와서 예수께서 여자와 말씀하시는 것을 이상히 여겼으나 무엇을 구하시나이까 어찌하여 그와 말씀하시나이까 묻는 자가 없더라 28 여자가 물동이를 버려두고 동네로 들어가서 사람들에게 이르되 29 내가 행한 모든 일을 내게 말한 사람을 와서 보라 이는 그리스도가 아니냐 하니 30 그들이 동네에서 나와 예수께로 오더라

당혹스러운 장면 앞에 선 제자들

제자들이 우물가로 돌아왔을 때, 그들은 낯선 광경을 보았다. 유대

인 남성인 예수께서 사마리아 여인과 대화를 나누고 계셨기 때문이다. 사회적, 종교적, 성별의 경계를 고려할 때, 이는 받아들이기 힘든 장면이었다. 그러나 아무도 묻지 않았다. 제자들은 그 장면을 판단할 수도, 감히 질문할 수도 없었다. 이 장면은 예수님을 따른다는 것이 언제나 예상 가능하지 않다는 사실을 보여 준다. 때로는 말하지 않는 훈련이 진리를 받아들이는 시작이 된다. 진정한 제자도는 자기 확신을 내려놓는 데서 시작된다.

생수의 근원으로 인도하는 자로 변모

여인은 자신의 물동이를 버려두고 마을로 달려간다.[78] 그녀는 물을 얻기 위해 우물에 왔지만, 예수님과 만난 이후 자신이 무엇을 진정으로 원했는지를 깨달았다. 물동이는 일상의 필요를 상징한다. 그러나 그녀는 그보다 더 중요한 것을 얻었다. 이제 그녀는 물을 길으러 가는 자가 아니라, 다른 이들을 "생수의 근원"께로 인도하는 자가 되었다. 일상의 필요를 내려놓을 때, 누군가를 생명으로 이끄는 통로가 열린다. 내려놓음은 끝이 아니라 새로운 길을 여는 가장 심오한 영적 행위다.

---

78 요한복음 4장 28절의 "물동이를 버려두고"(아페켄 텐 휘드리안 ἀφῆκεν τὴν ὑδρίαν)는 헬라어 '아피에미'(ἀφίημι 버리다, 떠나다)의 현재형이 사용되어, 과감한 결단의 행위를 묘사한다. 이는 요한복음에서 전환을 상징할 때 쓰이는데, 예를 들면 요한복음 8장 9절에서는 죄를 정죄하던 자들이 '하나씩 떠나가고', 12장 3절에서는 마리아가 향유를 부으며 '모든 것을 부어 내는' 순간이 등장한다.

초대로 만남을 증언하다

마을로 달려간 여인은 사람들에게 말한다. "내가 행한 모든 일을 내게 말한 사람을 와서 보라 이는 그리스도가 아니냐."[79] 그 고백은 설명이 아니라 외침이었다. 복음은 지식이 아니라 만남의 언어에서 시작된다. 그녀의 말에는 변증도 체계도 없었지만, 그 안에 생명의 진동이 있었다. 사람들은 그녀의 말에 이끌려 예수님에게 나아왔다. 그녀는 이제 더 이상 숨는 자가 아니라, 이끄는 자가 되었다. 주님의 진리를 체험한 이는 본능적으로 다른 이를 초대하게 되어 있다. 진리를 만난 이는 설명보다 초대로 그 만남을 증언하게 된다.

제자가 사는 이유

요 4:31-34　31 그 사이에 제자들이 청하여 이르되 랍비여 잡수소서 32 이르시되 내게는 너희가 알지 못하는 먹을 양식이 있느니라 33 제자들이 서로 말하되 누가 잡수실 것을 갖다 드렸는가 하니 34 예수께서 이르시되 나의 양식은 나를 보내신 이의 뜻을 행하며 그의 일을 온전히 이루는 이것이니라

---

[79] "이는 그리스도가 아니냐"(μήτι οὖτός ἐστιν ὁ χριστός)는 긍정적 추측의 의문문이다. 확정적 진술이 아닌 감동과 열린 가능성을 표현한 것으로, 복음 전도가 강요가 아닌 초청임을 보여 준다.

먹는 일 앞에 멈춘 시선

제자들은 음식을 구해 와서 예수님께 드리려 했다. "랍비여 잡수소서." 이 단순한 말에는 제자들의 관심이 담겨 있다. 그들은 여전히 예수님의 배고픔을 걱정했지만, 예수님은 다른 차원의 배고픔을 언급하신다. "내게는 너희가 알지 못하는 먹을 양식이 있느니라." 이 말씀은 제자들의 일상 감각을 뒤흔들었다. 그들의 배려는 나쁘지 않았지만, 하나님의 뜻과 사명 앞에서 인간적 배려는 방향을 잃을 수 있다. 삶의 관심이 사명으로 향할 때 제자의 시선이 열리기 시작한다.

먹는 것과 사는 것

예수님은 제자들에게 '양식'이라는 매우 구체적인 언어로 자신의 사명을 말씀하신다. "나의 양식은 나를 보내신 이의 뜻을 행하며 그의 일을 온전히 이루는 이것이니라."[80] 먹는다는 것은 생존과 가장 가까운 일이며, 반복되고 구체적인 행위다. 예수님은 그 절박하고 일상적인 개념을 들어, 하나님의 뜻을 따라 사는 일이 자신의 존재 이유라고 선언하신다. 이는 단순한 영적 열정이 아니라, 그분의 전 생애와 일상의 중심이었다. 제자는 '사는 이유'가 '하나님의 뜻'이라는 사실에 목마름을 느낀다.

---

80 "온전히 이루는"(텔레이오소 τελειώσω)의 헬라어 동사는 요한복음 19장 30절의 "다 이루었다"(테텔레스타이 τετέλεσται)와 같은 어근이다. 예수님께는 사역의 한 순간이 아닌, 십자가에서의 죽음까지가 양식이자 사명이었다.

숨은 사명, 보이지 않는 만족

예수님의 말씀은 제자들에게 낯설었다. 그들은 배고픔이라는 문제에 집중했지만, 예수님은 하나님께 깊이 순종하는 데에서 이미 만족을 누리고 계셨다.[81] 진정한 만족은 외적 공급이 아니라, 내적 헌신에서 온다. 예수님은 아버지의 뜻을 따라 걷는 길에서만 진정으로 배부르셨다. 이는 인간적 갈망을 외면하는 금욕이 아니라, 더 큰 만족을 위한 전환이다. 제자의 배부름은 세상의 양식이 아닌, 하나님의 뜻에 순종하는 여정에서 자라난다.

---

81 요한복음에서 '먹는 것'은 종종 믿음과 동일시된다(요 6:35, "나는 생명의 떡이니 내게 오는 자는 결코 주리지 아니할 터이요"). 이는 믿음이 단순한 동의가 아니라, 생명을 지속시키는 능동적 참여임을 뜻한다.

◆ 제자도 묵상 18 : 사명의 양식을 먹는 길

1. **제자들은 예수께서 여인과 대화하심을 보며 놀랐지만, 아무도 묻지 못했다.**
   → 제자는 말보다 깊은 신뢰로 주님의 뜻을 묻는 사람이다.

2. **여인은 물동이를 버려두고 마을로 달려갔다.**
   → 내려놓음이 곧 부르심에 응답하는 첫걸음이 될 수 있다.

3. **예수님의 식탁에는 육체의 음식보다, 아버지의 뜻을 이루는 순종이 있었다.**
   → 제자도는 아버지의 뜻을 자신의 일용할 양식으로 삼는 길이다.

4. **예수님의 양식은 하나님의 뜻을 '아는 것'이 아니라 '행하는 것'이었다.**
   → 제자도는 지식에서 실행으로 옮겨지는 실존의 여정이다.

5. **예수님은 아버지의 뜻을 이루는 것이 곧 생명이라 하셨다.**
   → 제자는 '무엇을 먹고 사는가'보다 '누구를 위해 사는가'를 묻는 사람이다.

6. **예수님의 말씀은 제자들의 오해를 꿰뚫었지만, 주님은 인내로 이끄셨다.**
   → 제자는 아직 자라가는 자들을 기다릴 줄 아시는 주님의 길을 배워 간다.

7. **예수님은 자신의 사명을 '완성'**("그의 일을 온전히 이루는 이것", 34절)**으로 표현하셨다.**
   → 제자도는 단순한 순종이 아니라, 완성에 이르기까지의 헌신이다.

✦ 더 깊이 생각하기

1. 여인은 물동이를 버려두고 동네로 들어가 사람들에게 "와서 보라"고 말합니다. 여인이 버려둔 '물동이'와 마을로 달려간 행동은 무엇을 보여 주고 있나요?

_____

_____

_____

2. 제자들은 예수님께 "랍비여, 잡수소서"라고 말하지만, 예수님은 "내게는 너희가 알지 못하는 양식이 있다"고 하십니다. 제자들의 관심과 예수님의 관심은 어떻게 달랐나요?

_____

_____

_____

3. 예수님은 "나의 양식은 나를 보내신 이의 뜻을 행하며 그의 일을 온전히 이루는 것"이라고 말씀하십니다. 예수님께 왜 '하나님의 뜻을 행하는 것'이 양식이 되었을까요? 나는 무엇으로 힘을 얻고, 무엇으로 살아가고 있나요

_____

_____

_____

19장

담대한 증언이 하나님 나라를 연다

예수님과 사마리아 여인의 대화는 조용히 끝나지 않았다. 여인은 물동이를 버려두고 마을로 향했고, 그녀의 외침은 한 마을 전체를 움직였다. "내가 행한 모든 일을 내게 말한 사람을 와서 보라"(요 4:29). 이 단순한 증언이 추수의 문을 열었다. 이 장면은 예수님의 말씀을 실현하는 장(場)이다. "너희는 넉 달이 지나야 추수할 때가 이르겠다 하지 아니하느냐 그러나 나는 너희에게 이르노니 너희 눈을 들어 밭을 보라 희어져 추수하게 되었도다"(요 4:35). 육안으로는 아무것도 변한 것 같지 않지만, 영적 눈으로 보면 이미 곡식은 익어 있다. 예수님은 심는 자와 거두는 자가 함께 기뻐하는 하나님 나라의 추수를 보게 하신다.

이 장에서 제자도는 '사마리아 여인'처럼 단순하고 담대한 증언으로 시작되며, '눈을 들어 보는 것'으로 이어지고, '다른 이가 수고한 열매에 함께 참여하는 기쁨'으로 확장된다. 추수는 누군가의 수고 이후에

요한의 제자도

만 가능하고, 우리는 그 추수의 은혜로 부르심을 받은 동역자다.

'넉 달 후'가 아니라 '지금'

요 4:35 너희는 넉 달이 지나야 추수할 때가 이르겠다 하지 아니하느
냐 그러나 나는 너희에게 이르노니 너희 눈을 들어 밭을 보라 희어
져 추수하게 되었도다

'아직은 이르다'는 인식

제자들은 사마리아 동네에서 사람들이 몰려오는 장면을 보면서도
별다른 기대를 하지 않았다. 그들의 눈에는 여전히 '사마리아인'이라
는 선입견이 자리 잡고 있었고, 하나님의 일하심은 '넉 달 후'라는 안
전한 예측 속에 갇혀 있었다. 하지만 예수님은 "눈을 들어 밭을 보라"
고 하신다. 지금 바로 그들이 보아야 할 것이 있다. 하나님의 때는 '이
제'이며, 복음의 현장은 예상 밖에서 열리고 있었다. 믿음의 눈은 아직
도래하지 않은 때를 보는 것이 아니라, 이미 이르렀으나 보이지 않는,
'지금' 하나님의 일하심을 보게 한다.

복음은 하나님의 눈으로 보는 것

'희어졌다'는 말은 곡식이 이미 수확할 시점에 이르렀다는 뜻이다.

그러나 예수님의 말씀은 눈앞에 펼쳐진 곡식밭이 아니라, 마을에서 달려오고 있는 사마리아 사람들을 향해 있었다. 예수님의 눈에는 그들이 추수할 영혼이었고, 제자들은 그것을 보지 못하고 있었다. 복음은 준비된 사람이 아니라, 하나님의 눈으로 볼 때 이미 익은 영혼에게 임한다. 추수는 미래의 일이 아니라, 지금 우리 주변에서 하나님이 이미 일하고 계시는 '현재형 은혜의 역사'다.[82]

영적인 눈을 들어야 할 때

"눈을 들어" 보라는 말씀은 단순한 관찰이 아니라, 시선을 전환하라는 요청이요, 명령이다. 예수님은 제자들의 시선을 '일용할 양식'에서 '영혼의 추수'로 바꾸신다. 땅의 필요에 몰두하던 그들의 관심은 아직 하늘의 시간과 맞물리지 않았다. 지금 이 순간, 우리가 보는 것은 무엇인가? 예수님의 말씀은 오늘 우리에게도 동일하게 울려 퍼진다. "너희 눈을 들어 보라." 제자는 세상의 시계를 따르지 않고, 하나님의

---

82 예수님의 말씀 "넉 달이 지나야 추수할 때가 이르겠다 하지 아니하느냐"는 일반적인 농경 격언이자, 동시에 아모스 9장 13절의 종말론적 예언과 신학적으로 연결된다. 아모스는 "보라 날이 이를지라 … 파종하는 자가 곡식 추수하는 자의 뒤를 이으며 … 산들은 단 포도주를 흘리며"(암 9:13)라고 예언했다. 이는 '씨 뿌림'과 '수확'이 동시에 일어나는 은혜의 역전 현상으로, 하나님의 구원 계획이 예정된 시간보다 앞서 성취되는 '속도의 종말론'을 암시한다. 요한복음에서 예수님은 바로 그 예언의 성취로, 사마리아 지역에서 '씨 뿌림'과 '추수'가 동시에 일어나고 있음을 선포하셨다. 예수님의 선언은 시간의 반전을 넘어서, 하나님의 때가 이미 임했음을 보여 주는 구속사적 시간의 개입이며, 이방인 추수의 시작을 알리는 계시적 메시지다.

시간표로 현실을 해석하는 사람이다.

한 사람이 심고 다른 사람이 거두는 연합

요 4:36-38   36 거두는 자가 이미 삯도 받고 영생에 이르는 열매를 모으나니 이는 뿌리는 자와 거두는 자가 함께 즐거워하게 하려 함이라 37 그런즉 한 사람이 심고 다른 사람이 거둔다 하는 말이 옳도다 38 내가 너희로 노력하지 아니한 것을 거두러 보내었노니 다른 사람들은 노력하였고 너희는 그들이 노력한 것에 참여하였느니라

사람의 기대와 계산을 뛰어넘는 하나님의 일하심

예수님은 지금 이 순간에도 "거두는 자가 이미 삯도 받고 영생에 이르는 열매를 모으나니"라고 말씀하신다. 추수는 미래의 일이 아니다. 지금 이 순간에도 누군가는 복음을 듣고 삶이 변화되고 있다. 이 말씀이 제자들에게 주는 충격은 바로 그들이 씨도 뿌리지 않은 자리에서 이미 열매가 맺히고 있다는 사실이다. 이는 하나님의 일하심이 사람의 기대와 계산을 뛰어넘는다는 것을 보여 준다. 성령의 추수는 우리의 예측과 수고의 순서를 초월하여, 은혜의 때에 갑자기 찾아오는 사건이다.

심는 이와 거두는 이도 함께 기쁨

예수님은 이어 "이는 뿌리는 자와 거두는 자가 함께 즐거워하게 하려 함이라"고 말씀하신다. 여기에는 하나님의 일하심에 동참하는 자들에게 하나님이 주시는 공동의 기쁨이 담겨 있다. 누군가의 기도와 눈물, 오래된 증언과 씨 뿌림 위에 또 다른 누군가가 열매를 거두며 기뻐할 수 있는 이유는 이 모든 과정이 하나님의 섭리 안에 연결되어 있기 때문이다. 사명은 분업이 아니라 연대이며, 주님의 기쁨에 함께 참여하는 하나님의 큰 드라마 속 동역이다.[83]

수고하지 아니한 것을 거둔다

예수님은 제자들에게 "내가 너희로 노력하지 아니한 것을 거두러 보내었노니"라고 말씀하신다. 이 말은 단순히 행운이나 공짜 추수를 의미하지 않는다. 그보다는 구약의 선지자들과 세례 요한, 예수님 자신이 뿌린 복음의 씨앗이 지금 열매를 맺고 있으며, 제자들은 그 거둠의 자리로 초청받았다는 뜻이다. 제자란 내가 수고하지 않은 자리에서도 겸손히 추수하게 하시는 주님의 섭리에 감사하며 참여하는 사람이다.

---

83 "한 사람이 심고 다른 사람이 거둔다"는 말은 당시 유대 전통에서도 회자되던 속담이며, 구약성경에서는 욥기 31장 8절이나 신명기 6장 10–11절에서도 그 구조가 보인다. 요한복음에서는 이를 이방 선교와 하나님의 섭리 속 '공동 추수'의 신학적 상징으로 사용하고 있다. 복음의 확장은 단일한 사람이나 순간의 열매가 아니라, 다양한 시간과 사람, 하나님의 숨은 일하심의 총합으로 드러난다.

요한의 제자도

이 사람의 말로 내가 믿는다

요 4:39-42 39 여자의 말이 내가 행한 모든 것을 그가 내게 말하였다 증언하므로 그 동네 중에 많은 사마리아인이 예수를 믿는지라 40 사마리아인들이 예수께 와서 자기들과 함께 유하시기를 청하니 거기서 이틀을 유하시매 41 예수의 말씀으로 말미암아 믿는 자가 더욱 많아 42 그 여자에게 말하되 이제 우리가 믿는 것은 네 말로 인함이 아니니 이는 우리가 친히 듣고 그가 참으로 세상의 구주신 줄 앎이라 하였더라

복음은 체험의 자리에서 시작된다

사마리아 여인은 단지 "내가 행한 모든 것을 그가 내게 말하였다"라고 사람들을 향해 외쳤을 뿐이다. 그녀의 말은 완벽한 설교도, 철저한 교리도 아니었다. 그러나 진실한 체험에서 흘러나온 이 증언은 강력한 파문이 되어 마을 사람들의 마음을 움직였다. 복음의 시작은 언제나 체험의 자리에서, 내가 만난 예수님으로부터 비롯된다. 증언은 신학의 정답을 말하는 것이 아니라, 내가 만난 진실을 나누는 일이다.

머무신 이틀, 뿌리내린 믿음

사마리아 사람들은 예수님께 더 머물러 주시기를 간청했고, 예수

님은 이방 땅에 이틀을 머무셨다. 이 장면은 이방과 유대의 경계를 넘고, 민족과 예배의 장벽을 허무는 복음의 능력을 상징한다. 예수님은 율법 중심의 정결 규례보다 상처 입은 사람들의 갈망에 더 가까이 다가가신다. 제자는 예수님의 발걸음처럼 경계를 넘어 사랑의 현장으로 다가가는 사람이다.

남의 고백이 나의 고백으로

마을 사람들은 예수님의 말씀을 직접 들은 후 이렇게 고백한다. "이제 우리가 믿는 것은 네 말로 인함이 아니니 이는 우리가 친히 듣고 그가 참으로 세상의 구주신 줄 앎이라."[84] 복음은 처음엔 타인의 말로 시작되지만, 결국 자신이 '친히 듣고', '스스로 믿는' 여정으로 나아간다. 참된 제자는 예수님을 둘러싼 소문에서 멈추지 않고, 직접 말씀을 듣고 삶으로 반응한다. 타인의 증언으로 시작된 믿음이 결국 나의 고백으로 자라날 때, 신앙은 뿌리를 내린다.

---

84 "세상의 구주"라는 고백은 요한복음에서 사마리아 사람들이 처음으로 '예수님의 보편적 구원자성'을 언급한 대목이다. 이는 유대 사회에서는 결코 기대하지 않던 고백이며, 요한은 이를 통해 복음의 중심이 예루살렘을 넘어 세계로 나아간다는 구속사적 비전을 암시한다.

Discipleship

◆ 제자도 묵상 19 : 증언으로 열리는 구원의 길

1. **예수님은 넉 달을 기다리는 상식을 깨고 지금이 추수의 때라 말씀하셨다.**

   → 제자는 사람들이 보지 못하는 은혜의 계절을 믿음으로 본다.

2. **예수님은 누군가 씨를 뿌리고, 다른 이가 거두는 일을 당연하게 여기라 하셨다.**

   → 제자도는 경쟁이 아닌 연대, 수고가 아닌 기쁨의 길이다.

3. **제자들은 수고하지 않은 것을 거두도록 부르심을 받았다.**

   → 제자도는 이미 뿌려진 은혜 위에 순종의 열매를 맺는 길이다.

4. **여인의 단순한 증언이 마을 사람들을 움직였다.**

   → 화려한 수사는 필요 없다. 정직한 고백이 가장 강력한 복음이 된다.

5. **사람들은 예수님께 더 머물러 달라고 간청했다.**

   → 제자는 예수님을 초대하고, 그분과 함께하는 시간을 사모하는 사람이다.

6. **예수님은 이방 땅에 이틀을 머무셨고, 그곳에 구원의 열매가 맺혔다.**

   → 경계를 넘는 사랑이야말로 복음이 뿌리내리는 가장 깊은 밭이다.

7. **사람들은 여인의 말을 넘어, 예수님의 말씀을 직접 듣고 믿었다.**

   → 제자는 복음의 간접적인 증언을 넘어 직접 만나는 데로 나아가는 사람이다.

요한의 제자도

1. 예수님은 "눈을 들어 밭을 보라 희어져 추수하게 되었도다"라고 말씀하십니다. 예수님이 보신 '지금'의 추수와 제자들이 생각한 '아직 이르지 않은 때'는 어떻게 다릅니까?

_____

_____

_____

2. 예수님은 "한 사람이 심고 다른 사람이 거둔다"고 하시며, "너희는 수고하지 아니한 것을 거두는 자"라고 말씀하십니다. 이 말씀은 제자도의 사명이 개인이 아닌 어떤 방식으로 이루어진다는 것을 보여 주나요?

_____

_____

_____

3. 사마리아 사람들은 처음에는 여인의 말을 듣고 예수님께 나아왔지만, 이후에는 "이제 우리가 친히 듣고 안다"고 고백합니다. 이 변화는 믿음이 어떻게 자라가는 과정을 보여 주고 있나요?

_____

_____

_____

20장

기적이 아니라 말씀을 따르는 믿음으로

사마리아 땅에 이틀을 머무신 후, 예수님은 다시 갈릴리로 향하신다. 예수님은 그 땅을 향해 "선지자가 고향에서는 높임을 받지 못한다"(요 4:44)고 말씀하셨지만, 갈릴리 사람들은 그분을 영접한다. 이는 예루살렘에서 목격한 표적 때문이었다. 그들은 예수님을 하나님 나라의 말씀을 전하시는 분이 아니라, 기적을 베푸시는 분으로 기억했다.

이러한 배경 위에 한 사람이 등장한다. 왕의 신하다. 권세와 지위가 있는 위치였지만, 그 순간만큼은 병든 아들을 살리고 싶은 한 아버지로 서 있다. 그는 예수님께 "내려오셔서 내 아들의 병을 고쳐 주소서"라고 간청한다. 하지만 예수님은 곧바로 도와주시지 않는다. 오히려 그와 그 자리에 있는 모든 사람을 향해 말씀하신다. "너희는 표적과 기사를 보지 못하면 도무지 믿지 아니하리라"(요 4:48).

예수님은 단순히 병만 고치시는 분이 아니다. 그분은 말씀으로 생

요한의 제자도

명을 살리는 하나님의 아들이시며, 믿음을 일으키는 진리 자체이시다. 따라서 이 본문은 단순히 기적에 대한 이야기라기보다 믿음의 성격과 그 여정에 대한 이야기다.

누가 참으로 믿는 사람인가? 무엇이 진짜 신뢰인가? 제자도는 기적을 따르는 믿음에서 말씀을 따르는 믿음으로의 여정이다. 예수님은 능력을 보여 주시기보다 말씀으로 반응하는 이들을 찾고 계신다.

제자는 길이 아니라 예수님의 뜻을 따른다

요 4:43-45 43 이틀이 지나매 예수께서 거기를 떠나 갈릴리로 가시며 44 친히 증언하시기를 선지자가 고향에서는 높임을 받지 못한다 하시고 45 갈릴리에 이르시매 갈릴리인들이 그를 영접하니 이는 자기들도 명절에 갔다가 예수께서 명절 중 예루살렘에서 하신 모든 일을 보았음이더라

진리를 놓치지 않으려면

예수님은 사마리아에서 이틀을 머무신 후 갈릴리로 향하셨다. 하지만 도착을 앞두고 "선지자가 고향에서는 높임을 받지 못한다"는 말씀을 하신다. 이는 아이러니한 선언처럼 보인다. 실제로 갈릴리 사람들은 예루살렘 절기 때 예수님의 표적을 보고 환영했기 때문이다(요

2:23, 4:45). 하지만 그 환영은 진정한 믿음에서 비롯된 것이 아니라, 기적과 외적 현상에 대한 호기심 때문이었다. 예수님은 이러한 환영을 '높임'이 아닌 '오해된 기대'로 보셨던 것이다. 믿음은 환영이나 호기심으로 시작할 수 있지만, 거기 머물면 진리를 놓친다. 믿음은 '기억된 기적'보다 지금 여기서 말씀하시는 예수님의 인격에 응답할 때 시작된다.

'영접'이라는 오해

요한복음은 갈릴리 사람들이 예수님을 '영접했다'고 기록한다. 그러나 이는 요한복음 1장 11절의 "자기 땅에 오매 자기 백성이 영접하지 아니하였으나"라는 말씀과 의도적으로 병치된다. 요한복음에서 '영접'은 단순한 환영이 아니라, 그 이름을 믿는 일과 연결되어야 한다(요 1:12). 그들은 예수님을 따뜻하게 맞았지만, 그분을 누구로 믿고 있는지는 불투명하다. 그들의 영접은 말씀과 인격에 대한 수용이 아닌, 기적과 유익에 대한 관심이었기 때문이다. 겉으로 보이는 열정과 호의 뒤에 숨겨진 내면의 중심을 살펴야 참된 믿음의 시작점이 열린다.

기대와 믿음 사이의 간극

갈릴리 사람들의 영접은 따뜻했지만, 그것은 예수님의 인격에 대한 환영이 아니라, 능력에 대한 기대에서 비롯한 것이었다. 이와 같이 우리도 종종 주님의 뜻보다는, 주님의 능력에만 기대는 신앙의 한계에 머무를 수 있다. 제자도는 능력 너머를 바라보는 눈, 곧 말씀과 인격에 반응하는 내면의 성숙으로 나아가는 여정이다. 제자의 길은 예수님의 뜻을 따르는 것이지, 예수님의 기적을 요구하는 길이 아니다.

절박함으로 예수님을 찾은 사람

> 요 4:46 예수께서 다시 갈릴리 가나에 이르시니 전에 물로 포도주를 만드신 곳이라 왕의 신하가 있어 그의 아들이 가버나움에서 병들었더니

기쁨과 눈물이 만나는 길

예수님은 다시 갈릴리 '가나'에 이르셨다. 이곳은 물을 포도주로 바꾸셨던 첫 번째 표적의 장소다(요 2:1-11). 이번에는 이곳에 한 왕의 신하가 등장한다. 그의 아들이 가버나움에서 병들어 죽게 되었기에, 그는 간절한 마음으로 예수님께 나아온다.

예수님은 예루살렘, 사마리아, 그리고 이제 갈릴리를 거치며 각기 다른 방식으로 사람들을 만나신다. 그중에서도 '가나'라는 공간은 요한복음의 표적 신학이 새롭게 열리는 자리다. 요한복음은 이 지명을 굳이 다시 상기시키며 연결의 여지를 열어 둔다. 가나는 기쁨이 시작되었던 곳이자, 이제는 병든 아들을 둔 아버지의 눈물 어린 길이 만나

는 자리다. 같은 장소, 다른 사연이다. 복음은 이렇게 장소를 덮는 이야기를 새롭게 쓴다. 제자도는 익숙한 공간이라도 복음의 새로운 장이 열리는 곳으로 다시 받아들일 줄 아는 순응의 길이다.

다 내려놓고 나아온 사람

왕의 신하로 소개된 이 사람은 헤롯 안티파스(Herod Antipas)의 궁정 관리였을 가능성이 크다. 공적 권력에 속한 인물이지만, 이 구절은 그의 지위보다 '아버지'라는 존재감을 강조한다. '그의 아들이 병들었다'는 말은 짧지만, 아비 된 자의 무력감과 절박함을 응축하고 있다. 그는 체면도 내려놓고, 정치적 입장도 잊고, 그저 자식을 살리고자 '예수님께 나아오는 사람'이 된다. 제자도는 어떤 신분이라도 내려놓고 주 앞에 서는 자리다.

믿음의 여정, 가나와 가버나움 사이

가나는 산지, 가버나움은 갈릴리 북쪽의 해안도시다. 이 두 지역은 약 30킬로미터 거리로, 반나절 이상 걸리는 거리다. 왕의 신하는 이 길을 '아들의 생명'을 붙들고 걸어왔다. 그는 복음을 완전히 이해하지 못했지만, '예수께로 가야 한다'는 믿음을 가지고 움직였다. 신학적 확신이 아니라, 절박한 발걸음으로 예수님을 찾은 이 길은 '치유의 첫 여정'이 된다. 어떤 절박함도 주님께 가는 걸음이 될 수 있다면, 이미 믿음의 길은 시작된 셈이다.

간구 이면에 있는 믿음을 보신다

요 4:47-48 47 그가 예수께서 유대로부터 갈릴리로 오셨다는 것을 듣고 가서 청하되 내려오셔서 내 아들의 병을 고쳐 주소서 하니 그가 거의 죽게 되었음이라 48 예수께서 이르시되 너희는 표적과 기사를 보지 못하면 도무지 믿지 아니하리라

내려오심을 구하는 기도

왕의 신하는 예수님께 간청한다. "내려오셔서 내 아들의 병을 고쳐 주소서." 이 절박한 외침에는 두 가지 요청이 담겨 있다. 하나는 예수님이 내려오시는 것, 다른 하나는 아들이 살아나는 것이다. 그는 아직 예수님의 말씀만으로 이루어지는 치유에 대해서는 알지 못했기에, 눈에 보이는 방식으로 함께 가 주시기를 구하고 왔다. 이 믿음은 온전하지 않지만, 사랑하는 자녀의 죽음을 막고자 하는 간절함이 담긴 간구였다. 제자도는 믿음이 완전하지 않아도, 예수님께 나아가는 절박함으로부터 시작된다.

표적 신앙에 대한 예수님의 도전

예수님은 응답 대신 말씀하신다. "너희는 표적과 기사를 보지 못하면 도무지 믿지 아니하리라." 이 말씀은 단지 한 사람만을 향한 것이 아니라, 갈릴리 사람 전체를 향한 말씀이다. 그들은 예루살렘에서 예

수님이 행하신 표적들을 보고 따랐지만, 진정한 신뢰가 아닌 기능적 기대 속에서 예수님을 따랐다. 이 신하도 처음엔 그런 믿음의 형태를 가졌을 수 있다. '기적을 보아야 믿겠다'는 믿음은 아직 예수님을 만난 것이 아니다.

간구 이면에 있는 믿음

예수님은 이 신하를 단호하게 책망하지 않으셨다. 대신 그 간구의 이면에 있는 믿음의 여지를 간파하시고, 그를 기다리셨다. 표적을 구하는 유대인의 방식이었지만, 그 마음의 중심에는 '아들을 살리고 싶은 아버지의 사랑'이 있었다. 예수님은 그 지점에서 시작하신다. 제자는 예수님이 일하시는 방식보다, 예수님이 마음을 들여다보신다는 사실을 먼저 신뢰하는 사람이다.

요한의 제자도

Discipleship

✦ 제자도 묵상 20 : 기적을 넘어서는 믿음의 길

1. 갈릴리 사람들은 예수님을 환영했지만, 그것은 능력에 대한 반응이었다.
   → 열광적 수용 속에 감춰진 내면의 동기를 살필 때, 진정한 제자의 길이 열린다.

2. "선지자가 고향에서는 높임을 받지 못한다"는 말씀이 선포되었다.
   → 제자는 익숙함을 넘어 예수님을 새롭게 받아들이는 길을 걷는다.

3. 왕의 신하는 아들의 생명을 위해 먼 길을 찾아왔다.
   → 제자는 절박함 속에서도 주님께 나아가는 한 가지 길을 붙든다.

4. 신하의 이름은 사라지고, 아들의 위기가 드러났다.
   → 제자는 '누구인가'보다 '어떻게 주께 나아가는가'를 통해 드러난다.

5. 신하는 예수님의 '내려오심'을 간청했다.
   → 제자는 하나님께 일하실 방식을 제안하기보다 그분의 임재를 신뢰하는 사람
   이다.

6. "보지 못하면 믿지 아니하리라"는 책망이 선포되었다.
   → 제자는 믿음의 동기를 점검받는 순간, 더 깊은 신뢰로 초대받는다.

7. 예수님은 신하의 간청 속에 감춰진 사랑을 보시며, 믿음의 불씨를 감찰하신다.
   → 기도의 내용보다 기도하는 마음을 보시는 주님 앞에 길은 언제나 열려 있다.

요한의 제자도

1. 왕의 신하는 예수님께 나아와 "내 아이가 죽기 전에 내려오셔서 고쳐 주소서"라고 간청합니다. 그는 예수님께 무엇을 기대하고 있었으며, 왜 "오셔서"라는 요청을 강조했을까요?

_____

_____

_____

2. 예수님은 "너희는 표적과 기사를 보지 못하면 도무지 믿지 아니하리라"고 말씀하십니다. 이 말씀은 당시 사람들의 믿음 상태를 어떻게 드러내고 있나요?

_____

_____

_____

3. 예수님과 왕의 신하 사이에는 여전히 간극이 남아 있습니다. 신하는 눈에 보이는 치유를 구하고, 예수님은 보이지 않는 믿음을 요청하십니다. 이 장면은 믿음이 형성되기 직전 어떤 긴장과 간극을 보여 주고 있나요? 나는 지금 이해되지 않는 상황 속에서, 하나님의 방식과 나의 기대 사이의 차이를 어떻게 받아들이고 있나요?

_____

_____

_____

21장

말씀의 증언이 삶의 현실을 바꾸는 자리

우리는 한 사람의 절박한 간청과, 그 앞에서 던져진 예수님의 질문을 마주한다. 보이는 것을 요구하는 믿음과, 말씀으로 초대하시는 예수님의 간극, 그 긴장은 이제 더 깊어진다.

왕의 신하는 여전히 "내려오셔서 고쳐 주십시오"라고 간청하지만, 예수님은 "가라, 네 아들이 살아 있다"고 응답하신다. 마침내 그는 더이상 붙잡지 않고, 돌아서는 길을 선택한다. 믿음은 바로 여기서 방향을 바꾼다. 눈으로 확인하려는 자리에서 말씀을 붙들고 살아가는 자리로.

그리고 그 길 위에서, 그는 말씀이 선포된 그 시각에 생명이 시작되었음을 깨닫게 된다. 그의 믿음은 한 사건을 넘어 온 집안으로 흘러가며 새로운 현실을 만들어 내었다. 요한복음이 전하는 두 번째 표적은, 말씀을 통해 생명이 실제가 되는 자리로 우리를 이끈다.

이 장에서는 다음 세 가지 장면을 따라가며, 믿음의 성장과 말씀이 생명을 일으키는 과정을 살핀다.

◇ 절박함으로 시작한 간청
◇ 보지 않고 믿는 결단
◇ 말씀이 이루어짐을 확인한 순간

제자의 길은 치유를 넘어 말씀을 신뢰하는 데 있다. 눈앞의 변화보다 말씀의 시각에 동참할 때, 믿음은 온 가정을 살리는 생명으로 이어진다.

표적을 구하던 마음이 믿음으로 자라다

요 4:49-50 49 신하가 이르되 주여 내 아이가 죽기 전에 내려오소서 50 예수께서 이르시되 가라 네 아들이 살아 있다 하시니 그 사람이 예수께서 하신 말씀을 믿고 가더니

절박한 간청, 믿음의 싹이 트다

"주여 내 아이가 죽기 전에 내려오소서." 왕의 신하는 아들이 죽어

가고 있는 절망 앞에서 예수님께 간청한다. 궁중의 의례가 아니라, 한 아버지의 내면 깊은 곳에서 터져 나오는 절박한 외침이다. 그의 간청은 체면과 권위를 내려놓은 간절함의 표현이었다. 당시 고위직 이방인이 유대인인 예수님을 찾아온다는 것은 매우 이례적이었다. 그러나 그는 타인의 시선도 개의치 않고 예수님께 자신을 내어 놓았다.

앞서 예수님은 "너희는 표적과 기사를 보지 못하면 도무지 믿지 아니하리라"고 말씀하셨다. 이 말씀은 단지 한 사람을 향한 꾸짖음이 아니라, 갈릴리 사람들의 표적 중심 신앙을 드러내는 책망이었다.[85] 그러나 동시에 이 말씀은 신하를 당혹스럽게 했을 것이다. 그는 자신이 거절당했다고 느낄 수도 있었지만, 놀랍게도 물러서지 않았다. 오히려 그 말씀을 상처가 아닌, 믿음의 시험대로 받아들였다.

자존심을 넘은 도약, 진짜 믿음이 싹튼 순간

신하는 여전히 간청한다. 그는 결과를 조율하거나 확신을 얻기 위함이 아니라, 예수님을 향한 절박한 신뢰에서 이 말을 하고 있는 것이다. 어쩌면 바로 이 순간이, 그의 마음속에서 단순한 기대가 아니라 믿음이 자라기 시작한 결정적 도약의 순간이었을지 모른다. 믿음은 언제나 부서짐에서 시작된다. 자기 확신이 깨지고, 자존심이 내려올 때,

---

85 '너희는'(휘메이스 ὑμεῖς)은 복수형 주어다. 이 말씀은 개인이 아닌 복수 청중을 향한 꾸짖음이다. 이는 요한복음이 갈릴리 사람들의 기적 중심적 신앙을 비판하는 동시에, 신하의 신앙이 그와는 구별된 길로 나아가고 있음을 암시한다(요 2:23-25 참고).

비로소 주님의 말씀이 들어올 자리가 생긴다.

오늘 우리 역시 이 질문 앞에 선다. 과연 우리는 예수님께 어떤 태도로 나아가고 있는가? 결과를 조종하며 나아가고 있는가, 아니면 예수님의 말씀 자체를 신뢰하며 나아가고 있는가? 우리가 여전히 자기 방식, 자기 논리, 자기 기대 안에 신앙을 제한하고 있다면, 그것이야말로 '표적을 봐야만 믿는 신앙'의 늪일 수 있다.

"살아 있다"는 말씀, 보지 않고 믿는 전환점

그 절박한 자리에서 예수님은 단 한마디로 응답하신다. "가라 네 아들이 살아 있다." 이 말씀은 미래형이 아니다. 이미 살아 있는 현재형이다. 예수님은 아직 신하의 아들을 만나지도 않으셨고, 신하 또한 아이의 상태를 알지 못했지만, 그 말씀 안에 생명의 현실이 선언된다.

더 놀라운 것은 신하의 반응이다. "그 사람이 예수께서 하신 말씀을 믿고 가더니." 그는 표적이나 확인 없이, 오직 말씀만을 믿고 길을 떠났다. 여기서 우리는 요한복음이 말하는 믿음의 실체를 보게 된다. 표적이 아니라 말씀이 현실보다 더 실제임을 믿는 신앙, 이것이 바로 "보지 못하고 믿는 자들은 복되도다"(요 20:29)라는 말씀과 맞닿아 있는 자리다. 그는 믿음이 생긴 후 길을 떠난 것이 아니라, 말씀을 믿으며 그 길로 나섰다. 이것이 바로 진짜 믿음의 출발점이다.

말씀의 시간이 현실의 시간이 되다

요 4:51-52 51 내려가는 길에서 그 종들이 오다가 만나서 아이가 살아 있다 하거늘 52 그 낫기 시작한 때를 물은즉 어제 일곱 시에 열기가 떨어졌나이다 하는지라

살아 있다는 소식, 말씀은 먼저 일하신다

왕의 신하는 예수님의 말씀을 믿고 길을 떠났다. 아직 아들의 상태는 확인되지 않은 상황이다. 그런데 그 내려가는 길 위에서, 마침 신하의 종들이 그를 향해 달려온다. 그들이 전한 첫마디는 놀랍다. "아이가 살아 있습니다!" 이 소식은 왕의 신하에게 위로를 주는 말이 아니라, 믿음의 확인이자 말씀의 실재를 깨닫게 하는 순간이다. 예수님의 말씀을 따라 나섰을 뿐인데, 이미 현실은 생명을 향해 움직이고 있었던 것이다. 믿음의 걸음을 내디딘 자보다, 말씀은 언제나 한 걸음 먼저 앞서 일하고 계신다.

그때가 바로 그 순간이었다

신하는 종들에게 묻는다. "아이가 낫기 시작한 때가 언제냐?" 그들은 대답한다. "어제 일곱 시[유대 기준 오후 1시]에 열기가 떨어졌나이다." 그 순간, 신하의 마음속에 번개 같은 깨달음이 스친다. 바로 그 시각이 예수님이 "네 아들이 살아 있다"고 말씀하셨던 그 순간이었던 것

이다. 말씀과 현실의 시간이 일치되는 경험, 이것은 인간이 만들어 낼 수 없는 초월의 일치다. 신하는 이 사실을 통해 단지 아들이 살아났다는 기쁨을 넘어, 말씀이 실제를 창조한다는 영적 진실을 깨닫는다. 믿음은 눈으로 확인하는 것이 아니라, 말씀을 통해 마음이 먼저 살아나는 것이다. 그 말씀이 삶의 시간에 닿을 때 비로소 '기적'이란 이름으로 드러난다.

순종의 자리에서 드러나는 하나님의 기적

이 기적은 아무도 보지 못했다. 왕의 신하가 예수님과 나눈 짧은 대화, 그리고 홀로 길을 떠난 여정 속에서 일어난 사건이다. 표적의 순간은 은밀하지만, 말씀을 따라 순종한 자에게는 명백하다. 이는 가나의 첫 번째 표적에서도 동일하게 드러났던 진실이다. 혼인 잔치에서 예수님이 물을 포도주로 바꾸신 기적은 누구도 보지 못했다. 오직 물 떠 온 하인들만이 예수님이 하신 말씀을 기억하고, 그 결과를 목격했다. "무슨 말씀을 하시든지 그대로 하라"(요 2:5). "항아리에 물을 채우라 … 연회장에게 갖다 주라"(요 2:7-8). 하나님의 기적은 늘 말씀에서 시작되며, 순종의 자리에서 조용히 펼쳐진다.

믿음은 말씀을 원인으로 삼는 결단이다

요한복음은 우리에게 이렇게 묻는다. "너는 결과 때문에 믿는가, 아니면 말씀 때문에 믿는가?" 오늘날 많은 신앙이 여전히 결과 중심에 머물러 있다. 병이 나아야 믿고, 일이 해결되어야 감사하며, 응답을 확인해야 확신을 갖는다. 그러나 요한복음은 거듭 강조한다. 믿음은 결과 이후에 생기는 감정이 아니라, 말씀을 원인으로 삼는 결단이다.

왕의 신하는 예수님의 말씀을 듣고 믿었다. 그리고 말씀의 시간이 현실의 시간과 맞닿는 지점을 체험한다. 그때 그는 깨닫는다. 자신이 믿고 걸었던 발걸음이 헛되지 않았고, 말씀이 이미 그 현실을 덮고 있었음을. 이것이 바로 말씀의 신앙이다. 우리가 말씀에 인생을 걸 때, 말씀은 현실을 새롭게 한다.

말씀과 현실이 하나 되는 믿음의 순간

요 4:53-54   53 그의 아버지가 예수께서 네 아들이 살아 있다 말씀하신 그때인 줄 알고 자기와 그 온 집안이 다 믿으니라 54 이것은 예수께서 유대에서 갈릴리로 오신 후에 행하신 두 번째 표적이니라

말씀이 삶이 되다

왕의 신하는 종들의 보고를 듣고, 곧바로 시간이 일치한다는 사실을 확인한다. 예수께서 "네 아들이 살아 있다"고 말씀하신 그 순간, 실제로 아이의 열이 떨어졌던 것이다. 그제야 그는 알게 된다. 말씀이 현실을 앞서 일하고 있었고, 자신은 그 말씀을 따라 걷고 있었음을. 신하

의 눈앞에 펼쳐진 것은 단순한 기적이 아니라, 말씀과 현실이 하나 되는 은혜의 신비였다. 믿음이 눈으로 확인된 것이 아니라, 믿음이 눈을 열어 현실을 새롭게 볼 것이다. 말씀은 미래의 가능성이 아니라 현재의 능력이며, 그 능력이 믿음의 자리에서 구체적인 현실로 이어지는 것이다.[86]

믿음의 확장, 한 사람에서 온 집으로

놀라운 것은 그다음 구절이다. "자기와 그 온 집안이 다 믿으니라." 왕의 신하는 이미 예수님의 말씀을 믿고 길을 떠났다(요 4:50). 그런데 이제 다시 '믿었다'고 말한다. 이는 같은 믿음의 반복이 아니다. 처음은 '말씀을 따라 떠나는 믿음'(trusting faith)이고, 이제는 '말씀이 현실이 된 것을 목격한 믿음'(confirmed faith)이다. 그의 믿음은 더 깊어졌고, 이제는 혼자의 믿음이 아니라 가정을 덮는 신앙이 되었다. 예수님과의 만남이 단지 개인적인 체험에 그치지 않고, 공동체로 확장된 것이다. 한 사람의 믿음으로 온 집안이 부흥되는 자리, 그것이 진정한 표적의 목적이며, 제자의 길에서 일어나는 놀라운 확장이다.[87]

---

86 히브리서 11장 1절 "믿음은 바라는 것들의 실상이요 보이지 않는 것들의 증거"라는 말씀은 요한복음 4장 53절의 사건과 깊이 연결된다. 이 믿음은 단지 심리적 수용이 아니라 시간과 사건을 창조적으로 연결하는 영적 통찰이다.

87 사도행전 16장 31절 "주 예수를 믿으라 그리하면 너와 네 집이 구원을 받으리라"는 본문의 영적 원리를 요한복음 4장 53절에서도 볼 수 있다. 복음은 언제나 관계적이고 공동체적인 차원에서 확산된다.

생명을 부르는 반복, 한 음성의 세 번 울림

요한복음은 이 표적의 클라이맥스를 동일한 문장의 세 번 반복으로 구성한다. 예수님이 말씀하신다. "네 아들이 살아 있다"(요 4:50). 종들이 보고한다. "아이가 살아 있다"(요 4:51). 성경이 다시 기록한다. "네 아들이 살아 있다"(요 4:53). 이 세 번의 선언은 단순한 반복이 아니다. 한 문장이 세 번 울려 퍼지며, 말씀이 어떻게 현실을 덮고, 믿음을 일으키는지를 드러내는 구조다. 처음은 예수님의 선언, 두 번째는 현실의 응답, 세 번째는 성경의 확증이다. 이처럼 '말씀 – 현실 – 믿음'이라는 선순환 구조는 말씀이 어떻게 생명을 이루는지를 보여 주는 부활 신학의 전조다.

예수님은 요한복음 5장 25절에서 이렇게 말씀하신다. "진실로 진실로 너희에게 이르노니 죽은 자들이 하나님의 아들의 음성을 들을 때가 오나니 곧 이때라 듣는 자는 살아나리라." 말씀은 단지 정보나 교훈이 아니다. 존재를 흔들고, 생명을 깨우는 부르심이다. 예수님의 음성은 병든 육신을 회복시키고, 절망한 심령을 일으키며, 죽은 영혼에게 생명을 불어넣는 창조의 울림이다. 그 동일한 음성이 지금도 말씀 가운데 살아 역사하고 있다.

첫 표적에서 두 번째 표적으로, 기쁨에서 생명으로

요한복음은 이 장면을 "두 번째 표적"이라 명명한다. 첫 번째 표적은 가나의 혼인 잔치에서 물이 포도주로 바뀌는 기쁨의 회복이었다

(요 2:11). 두 번째 표적은 죽음에서 생명으로의 회복이며, 믿음의 성숙과 공동체의 변화를 동반한다. 두 표적 모두 갈릴리 가나에서 일어났고, 예수님의 '말씀만'으로 이루어졌으며, 사람들이 보지 못하는 자리에서 시작되었다. 요한은 우리에게 말한다. 믿음은 눈으로 확인하는 것이 아니라, 말씀을 신뢰하는 것이라고. 하나님의 나라는 보이지 않는 말씀과 보이지 않는 성령의 능력 안에서 지금도 움직이고 있다.

살아날 때가 이르렀다

이제 우리는 하나의 결론에 도달한다. 예수님은 단지 왕의 신하의 아들을 살리기 위해 오신 것이 아니다. 그분은 지금도 하늘에서 내려오셔서 이 땅의 죽어 가는 생명들을 향해 "살아날 때가 이르렀다"고 선포하신다. 말씀은 여전히 살아 있다.

"가라. 네 자녀가 살아 있다."

"가라. 네 가정이 살아 있다."

"가라. 네 믿음이 살아 있다."

"가라. 네 공동체와 교회가 살아 있다."

"가라. 이 나라와 민족이 살아 있다."

그 믿음이 곧 생명이며, 그 생명이 지금 이 자리에서 시작되고 있다. 우리는 말씀의 증인이며, 그 증언이 삶의 현실을 바꾸는 자리에 부름을 받은 자들이다. 그러므로 "보지 못하고 믿는 자들은 복되도다"(요 20:29)라는 말씀을 따라 다시 갈릴리, 삶의 현장으로 나아가자.

◆ 제자도 묵상 21 : 생명이 살아나는 길

1. **왕의 신하는 아들의 죽음 앞에서 자존심을 버리고 예수께 청했다.**
   → 제자는 절박한 현실 속에서도 믿음으로 길을 찾는 사람이다.

2. **예수님은 "네 아들이 살아 있다"고 말씀하셨다.**
   → 제자는 말씀이 현실보다 더 실재임을 믿는 길을 걷는다.

3. **신하는 아무 표적 없이도 말씀을 믿고 길을 떠났다.**
   → 제자는 결과가 아니라, 말씀에 의지해 발걸음을 내딛는 사람이다.

4. **종들은 "아이가 살아 있다"고 외쳤고, 시각은 정확히 일치했다.**
   → 제자는 믿음의 걸음이 하나님의 일하심과 만나게 되는 길을 안다.

5. **신하는 예수님이 말씀하신 그때였음을 깨달았고, 온 집안이 다 믿게 되었다.**
   → 제자는 공동체를 살리는 부르심의 통로가 된다.

6. **이 사건은 두 번째 표적이었다.**
   → 제자는 기적보다 말씀을 따르는 길에서 진정한 생명을 얻는다.

7. **보이지 않아도 살아 계신 말씀을 따라 걸으라.**
   → 생명이 살아나는 길은 지금 말씀을 믿고 나아가는 길 위에 열린다.

✦ 더 깊이 생각하기

1. 왕의 신하는 예수님께 "내 아이가 죽기 전에 내려오소서"라고 다시 간청합니다. 그의 두 번째 요청은 첫 번째보다 더욱 간절하고 절박한 고백입니다. 본문에서 '내려오소서', '죽기 전에', '살아 있다'라는 표현은 어떤 흐름으로 반복되며, 그 속에서 신앙의 긴장과 감정의 변화가 어떻게 드러나고 있나요?

_____

_____

_____

2. 왕의 신하의 50절의 믿음("말씀을 믿고 가더니")과 53절의 믿음("자기와 그 온 집안이 다 믿으니라")은 어떻게 구별됩니까? 왕의 신하가 아들이 나은 "때"를 구체적으로 확인한 이유는 무엇인가요?

_____

_____

_____

3. 왕의 신하의 요청은 개인적 고통에서 시작되었지만, 결과적으로는 그의 가정 전체에 생명을 회복하고 믿음의 역사를 일으키는 사건이 되었습니다. 지금 나의 기도 제목 중 하나님이 더 큰 구원과 회복의 통로로 사용하시길 바라는 기도는 무엇인가요? 그 기도는 어떻게 내 가정, 공동체, 사명의 자리로 확장될 수 있을까요?

_____

_____

_____

다시 부름받은 삶, 그 빛을 따라

요한복음은 단지 예수님의 생애를 기록한 복음서가 아니다. 그것은 '만남으로 변화되는 제자의 여정'을 기록한 복음이다. 이 첫 번째 여정(요 1-4장)에서 우리는 예수님이 사람들을 부르시고, 그들이 빛을 보고, 믿음을 배우며, 사명을 깨달아 가는 과정을 함께 걸었다.

예수님은 먼저 우리를 향해 빛을 비추셨다. "보라, 하나님의 어린 양이로다"라는 증언을 통해 우리를 깨우시고, 보게 하셨다. 그리고 그분은 우리를 찾아오셨다. "물 좀 달라" 하시며, 우리의 일상 한가운데로 들어와 말을 걸어오셨다. 그분은 나의 존재를 비추시고, 나의 믿음을 자라게 하시며, 이제 나의 삶을 다시 세상의 한가운데로 보내신다.

요한복음의 제자도는 빛으로 부르심을 받는 것에서 시작하여 믿음으로 자라나고, 사명으로 나아가는 길이다. 그 길에서 제자는 결코 완전하지 않다. 그러나 예수님은 완전한 빛으로 우리를 기다리신다.

그 빛 앞에서 우리는 자신을 감추고, 말씀으로 비추며, "그는 흥하고 나는 쇠하여야 하리라"는 고백으로 자라난다. 결국 제자도의 완성은 더 많이 행하는 것이 아니라, 더 깊이 사랑하고, 더 온전히 순종하는 데 있다.

이 책에서 우리는 예수님을 '만난 사람들'의 여정을 따라 걸었다. 요한의 증언, 안드레와 베드로의 초대, 니고데모의 밤, 사마리아 여인의 물동이, 왕의 신하의 믿음에 이르기까지. 그들의 이야기는 단지 옛날의 기록이 아니라, 오늘 우리의 이야기다. 우리 역시 예수님을 만났고, 여전히 만나고 있으며, 그 만남 속에서 새롭게 빚어지고 있다.

이 여정은 단지 한 복음서의 일부를 따라가는 길이 아니다. 이것은 "요한복음으로 배우는 G.R.A.C.E. 제자 훈련"의 첫 걸음을 내딛는 자리다. 그 시작은 언제나 복음(Gospel)이다. 복음은 단지 예수님에 대한 소식이 아니라, 말씀이 육신이 되어 우리 가운데 임하신 사건이며, 그 말씀이 지금도 우리의 삶 가운데 실제로 생명을 일으키는 현실이다.

그러므로 제자도는 우리의 결단으로 시작되지 않는다. 복음을 만나는 자리에서 이미 시작된다. 그리고 복음으로 시작된 생명은 결코 그 자리에 머물지 않는다. 그 생명은 우리 안에서 새로워지고, 그 새로워진 존재는 다시 세상을 향해 나아가며, 마침내 삶 속에서 뿌리내리고 열매를 맺는다. 그러나 그 모든 여정 속에서도 변하지 않는 한 가지 진리가 있다. 처음도 복음이며, 끝도 복음이라는 사실이다.

성경의 계시는 언제나 그러하다. 한 장 속에 전체가 담기고, 한 만남 속에 영원이 스며 있다. 부분은 전체를 비추고, 전체는 부분 속에 살아 있다. 그러므로 우리는 이 한 권의 여정을 통해서도 제자도의 길이 무엇인지 충분히 마주하게 된다. 그리고 동시에, 더 깊이 걸어가고 싶은 갈망을 품게 된다.

이제 우리는 한 가지 결심으로 이 여정을 마무리한다.

"주님, 저도 그 빛을 따라 살겠습니다."

그 고백이 이 책의 끝이자, 다음 여정의 시작이다.